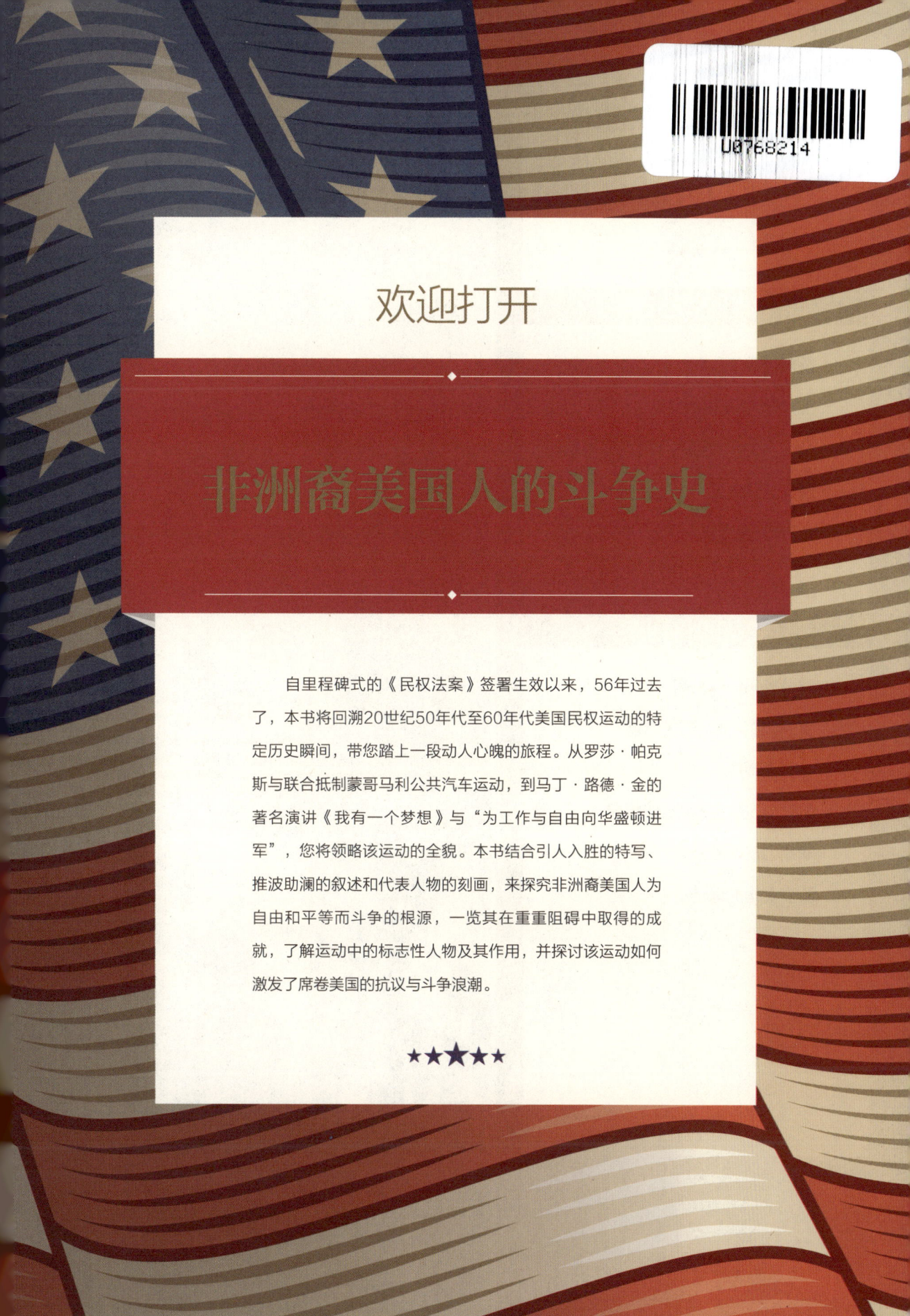

欢迎打开

非洲裔美国人的斗争史

自里程碑式的《民权法案》签署生效以来，56年过去了，本书将回溯20世纪50年代至60年代美国民权运动的特定历史瞬间，带您踏上一段动人心魄的旅程。从罗莎·帕克斯与联合抵制蒙哥马利公共汽车运动，到马丁·路德·金的著名演讲《我有一个梦想》与"为工作与自由向华盛顿进军"，您将领略该运动的全貌。本书结合引人入胜的特写、推波助澜的叙述和代表人物的刻画，来探究非洲裔美国人为自由和平等而斗争的根源，一览其在重重阻碍中取得的成就，了解运动中的标志性人物及其作用，并探讨该运动如何激发了席卷美国的抗议与斗争浪潮。

★★★★

目录

★★★★

我们必须抗争

- 10 美国延续了几个世纪的奴隶制度
- 18 三K党：看不见的军队
- 26 从人身的解放到对平等民权的期待
- 32 民权运动之父
- 40 《吉姆·克劳法》阴影下的南方

变革即将到来

- 48 震惊美国的谋杀案
- 53 罗莎·帕克斯：厌倦了屈服
- 60 小石城事件
- 63 筑梦：马丁·路德·金的崛起
- 70 非暴力抗议的力量
- 80 改变美国的运动

非洲裔美国人的斗争史

[英]杰奎琳·斯诺登 / 编著
高志武 / 译

中国画报出版社·北京

图书在版编目（CIP）数据

非洲裔美国人的斗争史 /（英）杰奎琳·斯诺登编著；高志武译. -- 北京：中国画报出版社，2020.7
（萤火虫书系）
书名原文：All About History: Book of the Civil Rights Movement, Second Edition
ISBN 978-7-5146-1927-0

Ⅰ.①非… Ⅱ.①杰… ②高… Ⅲ.①美国黑人 - 民权运动 - 研究 Ⅳ.①D771.25

中国版本图书馆CIP数据核字(2020)第113648号

Articles in this issue are translated or reproduced from All About History: Book of the Civil Rights Movement, Second Edition and are the copyright of or licensed to Future Publishing Limited, a Future plc group company, UK 2019. Used under licence. All rights reserved. All About History is the trademark of or licensed to Future Publishing Limited. Used under licence.

著作权合同登记号：图字01-2020-3192

非洲裔美国人的斗争史

[英] 杰奎琳·斯诺登 编著　高志武 译

出 版 人：于九涛
选题策划：赵清清
责任编辑：李聚慧
封面设计：王薯聿
责任印制：焦　洋
营销主管：穆　爽

出版发行：中国画报出版社
地　　址：中国北京市海淀区车公庄西路33号
邮　　编：100048
发 行 部：010-68469781　010-68414683（传真）
总编室兼传真：010-88417359　版权部：010-88417359

开　　本：16开（787mm×1092mm）
印　　张：12.5
字　　数：152千字
版　　次：2020年9月第1版　2020年9月第1次印刷
印　　刷：北京汇瑞嘉合文化发展有限公司
书　　号：ISBN 978-7-5146-1927-0
定　　价：60.00元

我有一个梦想

92 《我有一个梦想》

104 罹难的四个小女孩

108 约翰·肯尼迪与马丁·路德·金

118 密西西比的种族主义和谋杀案

122 争取投票权的长途游行

131 王者之殇

大声疾呼……

149 高涨的不满情绪：骚乱与反抗

154 马尔科姆·X其人其事

160 黑人的力量，黑豹党

历史遗产

175 民权运动：成与败

184 巴拉克·奥巴马：具有划时代意义的总统

188 新民权运动的诞生

200 图片所属

我们必须抗争

- 10　美国延续了几个世纪的奴隶制度
- 18　三K党：看不见的军队
- 26　从人身的解放到对平等民权的期待
- 32　民权运动之父
- 40　《吉姆·克劳法》阴影下的南方

历史的瞬间
17世纪—20世纪50年代

—— 1863年1月1日 ——

《解放奴隶宣言》

1619年以来，奴隶制度在新大陆的社会与文化中已经根深蒂固，在后来的美国也是如此。奴隶制度推动了贸易和工业的发展，也就是说，奴隶制度缔造了美国。它深深地植根于社会常态之中，在许多人看来，这种强制的劳动就像周日参加教堂礼拜一样司空见惯。但并非所有人都接受它的存在，包括美国第十六任总统亚伯拉罕·林肯，在他当政时期，美国经历了惨烈的内战之苦。

林肯对奴隶制度一直深恶痛绝，但他明白，奴隶制度深深植根于南北两方，在战争时期对其开刀并非明智之举。然而，1862年中期，形势发生变化，成千上万奴隶起来反抗他们的南方奴隶主，逃离种植园加入前来讨伐的联邦军。大批奴隶的涌入，使林肯将废除奴隶制用作战争举措顺理成章。但仍有大量共和党人反对制定任何有关奴隶制的法律修正案，很明显，大多数奴隶主居住在南方，这场针对他们的战争事实上已经演

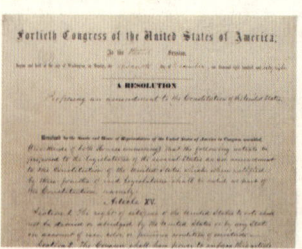

● **1868年7月9日**
《宪法第14修正案》和《宪法第15修正案》
《宪法第14修正案》和《宪法第15修正案》，与之前的《宪法第13修正案》几乎一样，都是为了强化《解放奴隶宣言》的基本原则。1868年7月9日生效的《宪法第14修正案》提出了对被解放奴隶公民权利的保护，《宪法第15修正案》则清除了阻碍非洲裔美国人投票选举的法律限制。

● **1909年2月12日**
全国有色人种协进会成立
全国有色人种协进会成立于一个多世纪前，旨在争取、修订和保护非洲裔美国人的公民权利。该组织的前身为尼亚加拉运动，后者曾在加拿大组织集会讨论《吉姆·克劳法》适用范围的扩大及有色人种被剥夺公民权等日趋严重的问题。

● **1916年**
大迁徙
1916年到1970年间，有600多万非洲裔美国人从南部乡村迁移到美国西部、中西部和东北部。这种不可思议的人口外流是对多种因素的反应，包括《吉姆·克劳法》适用范围的扩大和针对有色人种的暴力侵害，也有基于农村社区的经济大萧条的冲击。

> 《解放奴隶宣言》生效后，全国 400 万奴隶中有 310 万获得了人身自由。

▲ 如亚历山大·海·里奇 1866 年的版画所示，1862 年 7 月 22 日，亚伯拉罕·林肯总统第一次阅读《解放奴隶宣言》。

根源

1861年4月12日
美国内战打响

1861年8月6日
《第二充公法案》生效

1862年9月22日
林肯以《解放奴隶宣言》威胁南方

影响

1865年5月
美国内战结束

1865年12月18日
《宪法第13修正案》保护奴隶的自由

1868年7月9日
《宪法第14修正案》确保被解放的奴隶的权利

变成针对奴隶制的战争。

宣言本身并不意味着奴隶制度的终结——实际上，宣言既是利用法律对南方釜底抽薪的战略手段，也是系统地铲除美国奴隶制度的第一步。新法律给予了南方所有反抗奴隶主的奴隶人身自由，而北方各州的奴隶例外。宣言赋予了他们在战争中参加联邦军作战的权利，而未给予他们公民权。这对于争取民权来说才走了半步而已，但无论如何已在沿着正确的方向前进。

1942年2月7日
双"V"战略
"二战"期间，有250多万非洲裔美国人登记参军。他们在各兵种中服役，但在战争前都曾历尽种族隔离与歧视的不公。随着全国有色人种协进会对征兵运动的支持，报名参军的非洲裔美国人的数量大大增加，而所谓的双"V"（英文词"胜利"的首字母）战略，表示在家要取得对抗种族主义的胜利，在外要取得对敌作战的胜利。

1947年4月15日
签约杰基·罗宾逊
1947年，布鲁克林道奇队签下首发二垒球员杰基·罗宾逊，打破了棒球运动的"肤色界限"，为美国体育的发展铺平了道路。罗宾逊也因此成为MLB（棒球大联盟）中第一位获得官方认可的非洲裔美国运动员，为有色人种运动员进入美国各职业运动打开了大门。

1948年7月26日
《第9981号行政令》
回溯到1948年，当时的总统哈里·S. 杜鲁门签署了《第9981号行政令》，切实废除了美军所有部队中的种族隔离。该行政令意在构建包容不同种族和宗教的军事单位，同时也为美国任何想参军服役的个人敞开了方便之门。

美国延续了几个世纪的奴隶制度

美国基于人人享有自由与正义的原则建立起来，但并非对任何人来说都是自由的国度。

★★★★

美国并没有创造奴隶制度，但却以令人恐怖的热情拥抱了奴隶制度。奴隶成了美国经济的支柱。1790年到1860年间，南方各州棉花的年产量从1000吨增长到100万吨，奴隶在那些种植园是必需的主要劳动力。1790年，南方有50万奴隶。到了1860年，奴隶人数达400万。这一制度得到法律、法庭、军队和政府的支持。事实上，1808年进口奴隶就已经违法，但法律并未发挥其效力，数十万奴隶仍源源不断地被运到美国，他们通常来自中部非洲和西部非洲。奴隶制度如此根深蒂固，只有内战才能将其终结。

奴隶们的生活期望值很低，奴隶主对待他们像对待牲畜一样；他们在拍卖市场被售卖，他们的身体素质和个人才华会被作为卖点来讨价还价。奴隶的所有者常常分别卖掉他们的丈夫、妻子或者孩子，最终拆散他们的家庭。这往往是为了迫使奴隶精神屈服而故意为之的手段——毕竟，人们认为一个没有家庭的奴隶是没有什么反抗意愿的。有时候也是出于经济的考量：曾经有一段时

> 19世纪60年代在肯塔基每名奴隶的价格在40美元到400美元之间不等。强壮的二三十岁男性奴隶价格较高。

▲ 罗伯特·E. 李，战败的邦联军统帅。

▲ 1853年弗吉尼亚州里士满的奴隶市场。

> 奴隶是美国经济最重要的资产，1860年其价值约300万美元。

▲ 1869年联邦军总司令尤利西斯·S. 格兰特成为总统，他努力保护被解放奴隶的公民权。

奈特·特纳领导的奴隶起义

▲ 1831年,奈特·特纳与同伴在一起。

奈特·特纳一辈子都住在弗吉尼亚的南安普顿县。他睿智而虔诚,很小的时候就能读会写。二十几岁的时候,他开始在同为奴隶的民众间布道,并宣称自己拥有宗教远见,因此在当地有"先知"之称。1828年,特纳28岁,他开始谋划一次暴力起义。1831年8月,起义最终打响。特纳将当月13日的一次日食解读为上帝要奴隶反抗压迫的征兆。

他组织了一支约70人的队伍,开始在南安普顿县挨家挨户解放奴隶并处死其白人"主子"。杀戮不分青红皂白,屠刀也举向了妇女和儿童。起义持续了两天,特纳和他的反叛者们至少杀死了60人,他们后来被两倍于起义者的白人民团遏制并彻底击溃。

事后50多名黑人男性和女性以谋杀、密谋和叛乱罪名被处决。11月11日,特纳被处以绞刑,其尸体被剥皮、斩首并肢解。第二年,在弗吉尼亚,奴隶受教育或者在白人主管不在场的情况下组织宗教聚会都是违法的。

间,上南方①奴隶劳工过剩,导致一百多万奴隶被迫迁移到深南部②。尽管经历这样的苦难,奴隶们仍秉持着人性的慈悲。他们与家人离散,便与种植园的同伴相依为命。音乐、舞蹈、艺术与宗教都在其生活中同样重要——尽管宗教可以用来压迫奴隶。黑人牧师有时候也被利用来劝诫奴隶听话顺从。

鞭打等残酷的刑罚被广泛使用,人们对此也司空见惯。奴隶的反抗并不常见,一旦发生立即会被军队镇压。逃跑尽管危险,但更为普遍。成功逃脱的人在加拿大、墨西哥或北方开始新生,若逃跑的过程中被抓,则会被狗撕碎或者被射杀。1850年《逃奴追缉法》通过,使得奴隶主更容易在边境以南的墨西哥认领回自己的"财产",法律禁止白人为逃跑的奴隶提供协助。一些受教育程度不高的贫穷白人被雇作黑奴的监工,数十年来白人至上的种族主义根深蒂固。

起义也时有发生,但大部分都被即刻粉碎。最著名的一次起义是1831年8月21日奈特·特纳领导的。特纳和他的兄弟们最终没能成功。为了应对叛乱,南方的安全防控变得更为严密,但是废奴主义者的呼声也越来越高。1853年,约翰·布朗(一个白人)策划夺取了位于弗吉尼亚哈珀斯费里镇的联邦军火库,在整个南方发动了一场奴隶起义。当地民兵与数百名海军陆战队员在罗伯特·E. 李的指挥下剿灭了这场暴动(约翰被处以绞刑),但问题显然远未得到解决。甚至在几年后的1857年,最高法院判定德莱德·斯科特不能为自己的自由申辩,因为他是奴隶主的财产,不是法律意义上的人。

上述反抗都发生在安德鲁·杰克逊的总统任期内。1860年,亚伯拉罕·林肯带着对自己政纲中奴隶问题(虽然他不是一个坚定的废奴主义者)的不安接任新总统。同年,联邦中11个依赖奴隶劳动的种植园州组成支持蓄奴的邦联,宣布退出联邦。由于来自废奴主义者的压力不断增大,林肯在政治上开始偏向左倾。

---

① Upper South,美国南方偏北的地区。根据《大英百科全书》,上南方包括北卡罗来纳州、田纳西州、肯塔基州、弗吉尼亚州和西弗吉尼亚州,也被称为"自耕农的南方"。——译者注。本书注释皆为译者注,后文不再一一标注。
② Deep South,是上南方以南地区,一般包括阿拉巴马州、佐治亚州、路易斯安那州、密西西比州、南卡罗来纳州等,又被称为"棉花州"。

▲ 1862年在南卡罗莱纳州邦联军托马斯·德雷顿将军的种植园中的奴隶。

2007年2月24日，弗吉尼亚成为美国第一个承认当地蓄奴史并为此公开道歉的州。

美国的白人社区一直强烈反对平权。

1862年美国国会通过《解放奴隶宣言》，宣布南方邦联各州奴隶立即获得人身自由，但北方却并非人人平等的乌托邦：北方公民若忠于美利坚合众国，则仍可拥有奴隶。林肯激动地认为蓄奴制极不人道（但他很谨慎，避免提出任何关于黑人和白人社会或政治平等的倡议）。1864年夏，受《解放奴隶宣言》的鼓舞，反蓄奴的请愿者已经向国会提交了40万签名，要求废除奴隶制。联邦参议院与众议院签署《美国宪法第13修正案》。奴隶制从法理上已经终止。

但政府并未立法禁止蓄奴，也几乎无法立法禁止种族主义。如今，美国内战在很大程度上被视作一次黑人解放运动，被征召参加战斗的白人不满情绪波动极大（特别是因为被征募者通常很穷，而有钱的白人可以花钱买通官员逃避战争）。城市里有很多因兵役引发的骚乱，到处充斥着反黑人的暴力活动。但南方的非洲裔美国人发现自己具有了意想不到的力量，因为南方的邦联政府竟破天荒地要求他们与联邦政府作战。邦联政府要么选择解放奴隶，招募他们加入邦联军作战,尽管这将违背战争的初衷;要么选择拒绝,眼睁睁看着奴隶放下工具,逃往联邦军。邦联政府只好选择前者。然而,1864年4月,国会赋予黑人士兵和白人士兵同等的权利。一年后,邦联军士气涣散,战力尽失,战争最终结束。李将军向格兰特将军投降。

尽管获得自由的非洲裔美国人拥有了投票权、受教育权和参与政治生活等新权利,但美国白人社区,特别是南方的白人社区一直强烈反对给黑人平等的权利。林肯被暗杀后,安德鲁·约翰逊接任总统职位,在这些问题上他坚定地站在白人的一边,拒绝立法保护种族平等。奴隶制度也许已经结束了,黑人孩子也可以读书求学,但曾经生活和工作在同一种植园的奴隶们发现,他们无论从经济上还是法律上,都无法购置或租赁土地,他们被迫在苛刻的劳动合同下工作,若违反合同将被判入狱服刑。这些黑人法令成了20世纪种族隔离法《吉姆·克劳法》的先例。

黑人投票权在1869年尤利西斯·S.格兰特的选举中发挥了巨大作用。随着约翰逊的下台,社会发展取得了一些进步,通过了一些平权法律,也推出了一些宪法修正案。

但无论何时为非洲裔美国人争取权利,都会有白人反对。像三K党这样的种族主义组织大量涌现,不断地恐吓、镇压黑人。这些组织日益壮大,追逐选票的政客们被迫曲意逢迎。非洲裔美国铁匠查尔斯·考德威尔出于自卫射杀了一个白人袭击者,在随后的审判中被宣告谋杀罪名不成立。他是密西西比州第一个杀死了白人却得以无罪释放的黑人。但不久以后,他就被一个白人帮派杀害。白人至上的南方无视法律的规定,仍继续坚持自我的"正义"。

不可思议的哈莉特·塔布曼

哈莉特·塔布曼1822年在马里兰州出生,一出生就是奴隶。年轻的时候,她一直被粗暴地虐待。有一次,她被扔过来的金属重物重重地砸伤头部,这次伤害的后遗症伴她的余生。但她很长寿,且一生跌宕起伏。

27岁时,她借助"地下铁路"(废奴主义的积极分子致力于帮助奴隶获得自由的安全避难网络)逃离被卖身的种植园。她随后也积极地投身"地下铁路"网络,大胆肩负使命,返回马里兰州协助解救其他奴隶。她的行动很成功,被废奴主义者威廉·劳埃德·加里森誉为女"摩西"。

塔布曼是一个虔诚的基督徒,对暴力深恶痛绝,但后来却成为约翰·布朗起义(最终失败)中的一位"将军"。1861年美国内战爆发,她认识到联邦主义者发起的事业最可能终结奴隶制度,便在南方邦联的土地上充当间谍和侦察兵,协助解救了数百名奴隶。

她七十多岁时身体依然很好,开始积极地为妇女的普选权而斗争。1913年,她在一家以她名字命名的疗养院中因肺炎去世,享年91岁。

▲ 哈莉特·塔布曼,摄于1900年。

PUBLIC
OF SL

FRANKLIN O

JAMES HARLAN'S Administrators, Plaintiffs,
vs.
JAMES HARLAN'S Heirs, Defendants,

The undersigned, as COMMIS

Monday, Nove

(County Court day,) sell at public auction

THREE NE
ONE NEGRO WOMAN AND A
ONE NEGRO WOMAN

TERMS---Six months credit, with inter with security, to have the force and effec

G

OCTOBER 30, 1863.

> 1863年一则奴隶拍卖广告。奴隶将在一个平台上展示,供买家近距离观看并检查。

三K党：
看不见的军队

三K党(Ku Klux Klan)出现在美国内战之后，不断实施暴力和恐吓活动，肆虐了一百多年。

★★★★

虽然确定三K党的源头比较简单，但要弄清参加者的动机就有点复杂了，其中混杂了种族和政治目的。三K党产生于邦联军在内战中战败后的南方，往往被看作是美国最早的恐怖组织之一。1866年5月，6名退伍军官在田纳西州的普瓦斯基镇一拍即合，三K党诞生，其中一名创始人还亲切地将其称为"一家俱乐部或者一家社团"。

其组织名称中的Ku Klux取自希腊语Kuklos，意为"圈子"或"团伙"，他们还赋予了自己伟大的头衔，例如大独眼巨人、大祭司和大突厥人等，试图给组织注入一种高深的神秘主义元素。该组织的成立源于孟菲斯附近发生的一次种族暴乱，当时一伙白人暴民与一群黑人联邦士兵发生了冲突，双方的争执引发了持续几天的种族暴力，结果导致46名黑人和2名白人死亡。

三K党的成员穿长袍，戴头套，用令人生畏的装束遮住自己的脸并增加自己的高度。他们驰骋在乡村之间，常常声称自己就是在内战中死去的邦联军士兵的鬼魂。很多被解放的奴隶仍相信古老的迷信，三K党逐渐意识到这是打击其主要目标——被释放的男女奴隶的有效武器。正是基于这种认识，创始人之一约翰·莱斯特将这个社交俱乐部改造成一个犯罪团伙，开始控制曾经是奴隶的那些人的行动。

莱斯特声称三K党从一开始就不过是一家社交俱乐部而已，但大部分现代历史学家驳斥了他的说法。他们强调，三K党的6名创始人都在南方长大，都曾为邦联而战，因此一定会积习难改，实施种族主义。无论真相如何，随着规模和

随着发展壮大，三K党卷入了更多暴力行动。

据估计，到20世纪20年代中期，美国的三K党成员可能已达到500万人。

▲ 三K党一个新成员的入会仪式，出自20世纪早期的电影《一个国家的诞生》。

影响的扩大，三K党卷入了更多暴力行动，这一点确信无疑。

1866年，南方人对北方政客将重建政策强加于南方而怨声载道，三K党的政治地位提升，这在一定程度上促进了三K党的扩张。当共和党通过投票增强自由民管理局（该局旨在保护被解放奴隶的权利）的实力和影响后，三K党人数激增，其基地也迅速遍布整个南方。总统大选迫在眉睫，三K党开始骚扰黑人选民，强迫他们要么投票给民主党，要么根本别想投票。

1868年，共和党候选人、前联邦军总司令尤利西斯·S.格兰特赢得大选。他曾无情地抨击三K党，声称三K党的目标是"通过暴力和威吓……使有色人群的生活状态倒退回奴隶制时代"。他的推论是基于三K党成员的政治动机做出的，可见三K党的政治动机已经在种族议题上将美国两大党派撕裂。

那些三K党成员首要的观点是白人至上主义。的确，他们认为人人都享有平等的权利，但仅限于白种人。相当多的南方人认为，上帝将黑人放在地球上就是为其白人主子服务的。三K党既攻击黑人，也攻击那些对黑人的观点与他们不一致的人，比如那些反对分裂、支持黑人获得投票权的南方名人，即所谓的"无赖"；还有战后旅居南方并从重建工程中谋利的人，他们被称作"投机客"。

1868年间，从鞭打无辜的或者拒绝白人求爱的黑人妇女，到谋杀共和党的白人领袖，三K党的暴力行动不断升级。历史学者统计袭击次数时发现，当地治安暴力事件与三K党实施的政治

相当多的南方人认为，上帝将黑人放在地球上就是为其白人主子服务的。

恐怖主义搅和在一起，一片混沌，无法厘清。然而，有一点很清晰，即针对黑人公民的攻击越来越频繁。1868年的前十个半月里，自由民管理局仅在佐治亚一个州就报告了336宗企图杀害被解放奴隶的攻击或谋杀案。

一年一年过去，暴力事件不断蔓延，三K党焚烧被解放奴隶聚集的教堂和学校，也会把过去的奴隶赶出他们租赁的农场，这对南方经济造成很大损害。如果黑人、所谓的"无赖"或者"投机客"想诉诸法律，往往求告无门，因为南方很多律政官员和地方法官都是三K党的成员。

很多北方人亲历三K党倒行逆施的报告促使格兰特总统展开行动。1871年4月，格兰特签署了《民权法案》，这一法案也常被称为《三K党法案》，法案规定：妨碍他人行使投票权、干扰他人就职、阻碍他人担任陪审员或者享有法律平等权，在全美国都是违法行为。

至关重要的是，该法案规定，任何团体聚众密谋或者身着同样伪装为害民众、妨碍权力机关保护公民均属违法行为。作为一部联邦法律，任何被指控的人都将在联邦法庭受审，而非地方各州的法庭。格兰特和联邦政府如今有了法律武器

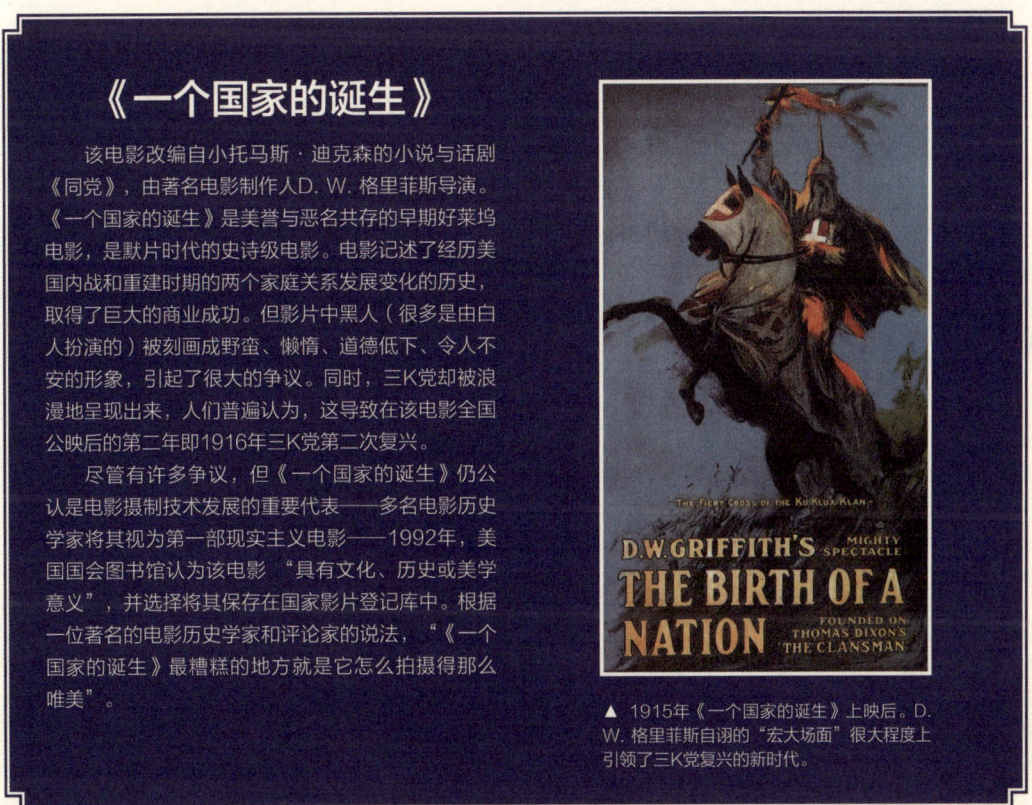

《一个国家的诞生》

该电影改编自小托马斯·迪克森的小说与话剧《同党》，由著名电影制作人D. W. 格里菲斯导演。《一个国家的诞生》是美誉与恶名共存的早期好莱坞电影，是默片时代的史诗级电影。电影记述了经历美国内战和重建时期的两个家庭关系发展变化的历史，取得了巨大的商业成功。但影片中黑人（很多是由白人扮演的）被刻画成野蛮、懒惰、道德低下、令人不安的形象，引起了很大的争议。同时，三K党却被浪漫地呈现出来，人们普遍认为，这导致在该电影全国公映后的第二年即1916年三K党第二次复兴。

尽管有许多争议，但《一个国家的诞生》仍公认是电影摄制技术发展的重要代表——多名电影历史学家将其视为第一部现实主义电影——1992年，美国国会图书馆认为该电影"具有文化、历史或美学意义"，并选择将其保存在国家影片登记库中。根据一位著名的电影历史学家和评论家的说法，"《一个国家的诞生》最糟糕的地方就是它怎么拍摄得那么唯美"。

▲ 1915年《一个国家的诞生》上映后。D. W. 格里菲斯自诩的"宏大场面"很大程度上引领了三K党复兴的新时代。

▲ 三K党年会，1937年9月在宾夕法尼亚州的约克市举行。

至关重要的是，该法案规定，任何团体聚众密谋或者身着同样伪装为害民众均属违法行为。

来驱逐三K党，经过一系列的审判，三K党终被解散。

这是否是一次伟大的胜利尚存争议，但在接下来的几年中，很多美国人将三K党的故事合理化、浪漫化。这些主题在流行小说中最为凸显，如《豹斑》（1902）、《同党》（1905），还有电影《一个国家的诞生》（1915）。

这也难怪，三K党20世纪初再次复兴，一方面是受《一个国家的诞生》火热的票房刺激，另一方面也有臭名昭著的莱奥·弗兰克案的影响。弗兰克是一个商人，被控强奸并杀害一名13岁的少女。威廉·J.西蒙斯同其他16人相约登上石山（距佐治亚州亚特兰大市中心东北约16公里）山顶，在一个燃烧的十字架的火光下，宣布三K党骑士重生。

第一次世界大战期间，新三K党的成员数量增长缓慢，但1920年主要借助宣传巨头——南方宣传协会的影响，成员数量暴增，他们利用美国白人中产阶级对世界大战后果的心有余悸，将他

> 据称，50000名三K党成员参加了1925年华盛顿大游行。也有消息称实际到场人数接近200000人。

私刑：美国的顽疾

一伙暴民对涉嫌犯罪的个人动用私刑或者公开谋杀，显然是美国特有的问题。当然私刑在美国内战之前就已存在，在内战之后的南方绞刑和枪杀变成了一种流行病，特别是三K党兴起之后更甚。绞刑和枪杀是私刑的主要手段，但也可见到行刑者对受刑者的折磨，如在火刑柱上灼烧、致残、肢解、阉割及其他残酷的手段。

1882年以前的私刑数量没有可靠的统计数据，而在这之后的汇编材料中数据也不够完整。根据塔斯基吉学院1882—1951年的统计数据，美国有4730人被处以私刑，其中3437人是黑人，1293人是白人。该学院认为，私刑数量最多的一年是1892年，当时有230人被杀——161名黑人，69名白人。

20世纪20年代，南方城市化程度越来越高，人们的态度也趋于缓和，私刑数量开始减少。《戴尔反私刑法案》在众议院的通过也发挥了重要作用，该法案宣布任何被控使用私刑者将被判罚金和入狱监禁，且由联邦法院执行而非地方各州法院。

另外，该法案还宣称，各州、县、镇若疏于保护公民免受暴民暴力相向，也将被判罚金及其他惩罚。参议院否决了这一法案，因为南方政客认为反私刑立法违宪，但该法案引起的讨论和关注显然意义重大。

▲ 瑞德蒙、罗伯逊和爱迪逊三名男性被控谋杀托可亚市的卡特警长，1892年5月被一伙暴民从监狱带走并处以私刑。

们也吸纳进来。他们不仅言语攻击黑人、天主教徒和犹太人，还攻击布尔什维克。他们以"纯粹的美国主义""老派宗教"和崇高道德的积极捍卫者的身份发号施令。据估计其成员曾有500万之多。

三K党规模庞大，阿拉巴马、科罗拉多、佐治亚、印第安纳、路易斯安那、俄克拉荷马、俄勒冈及得克萨斯州的官员中有大批三K党成员，他们在20世纪20年代已经获得了广泛的政治影响力。三K党信心大增，不断膨胀，再次涉足那些为人不齿的暴行。如在佐治亚州动用私刑的情况不断增多，到1923年10月，非洲裔美国人以每月1500人的速率从该州前往北方。

新三K党达到政治影响力顶峰的时候，由于内部长期争斗的消耗、对手日益增加的激进行动以及自身浪漫色彩的逐渐消退，开始走向衰落。到1930年，其成员数量跌至3万左右。

然而，它再一次拒绝了灭亡，并在第二次世界大战后再次复苏，对争取联邦立法废除种族隔离制度的民权运动进行了极为激烈的阻击。

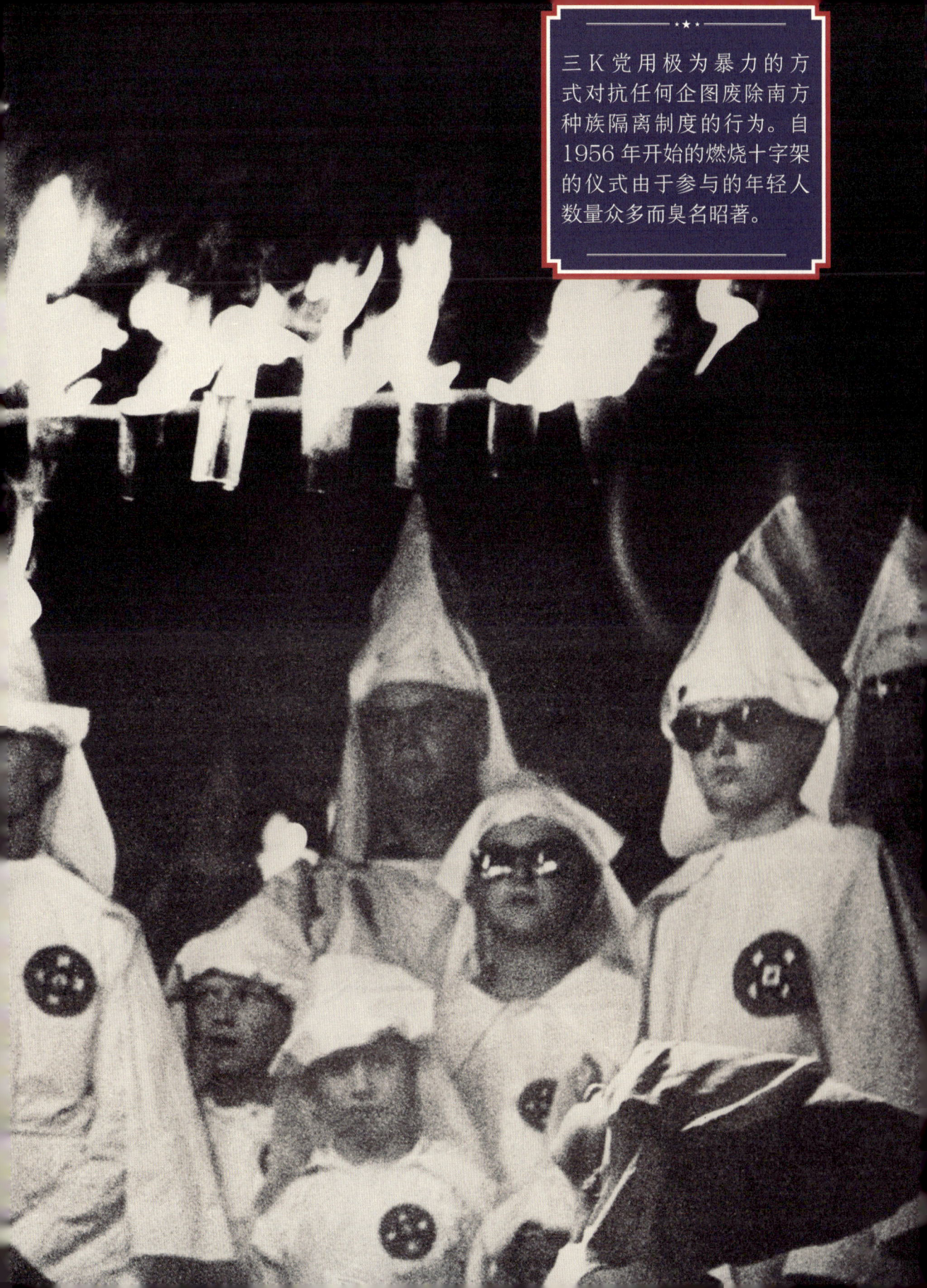

> 三K党用极为暴力的方式对抗任何企图废除南方种族隔离制度的行为。自1956年开始的燃烧十字架的仪式由于参与的年轻人数量众多而臭名昭著。

从人身的解放到
对平等民权的期待

从人身的自由到自给自足，黑人们从美国内战时期到 20 世纪历尽挑战与对抗。

★★★★

1863年1月亚伯拉罕·林肯总统颁布《解放奴隶宣言》后，内战的血腥岁月又持续了两年。甚至在联邦取得胜利后，南方新获解放的黑人的未来仍然风雨飘摇，悬而未决。

南方经济中奴隶制度是一个稳定因素，将原来的奴隶转变为自由民难免会有很长一段动荡期。事实上，前邦联各州除了田纳西州外，在重建时期都被军事占领，并被迫接受战时法律的管控。联邦军队驻扎在深南部以维持当地秩序，保护黑人公民免遭心怀怨恨的白人报复，同时也使黑人利用这个机会接受教育，自力更生，并行使选举权以参政议政，尽快实现自给自足。

1865年12月6日，《美国宪法第13修正案》批准通过，奴隶制废除；1868年12月6日，《美国宪法第14修正案》批准通过，赋予被解放的奴隶公民权；1870年2月3日，《美国宪法第15修正案》批准通过，赋予黑人投票选举权。而普通民众则在最底层为平等的权利而斗争。立法机关做出了一个法律论断，但由于系统内的种族主义、来自像三K党这样的组织的暴力胁迫，以及地方法律的阻挠（即不愿做出改变使被解放的奴隶从过去的条件里解脱出来），其实际落实过程很缓慢。

到1870年，共有22名黑人入选国会。过去的奴隶被称为自由民，他们

> 1901 年自从北卡罗来纳州的乔治·亨利·怀特完成国会任期后，又经过 28 年才有第二位黑人议员进入国会。

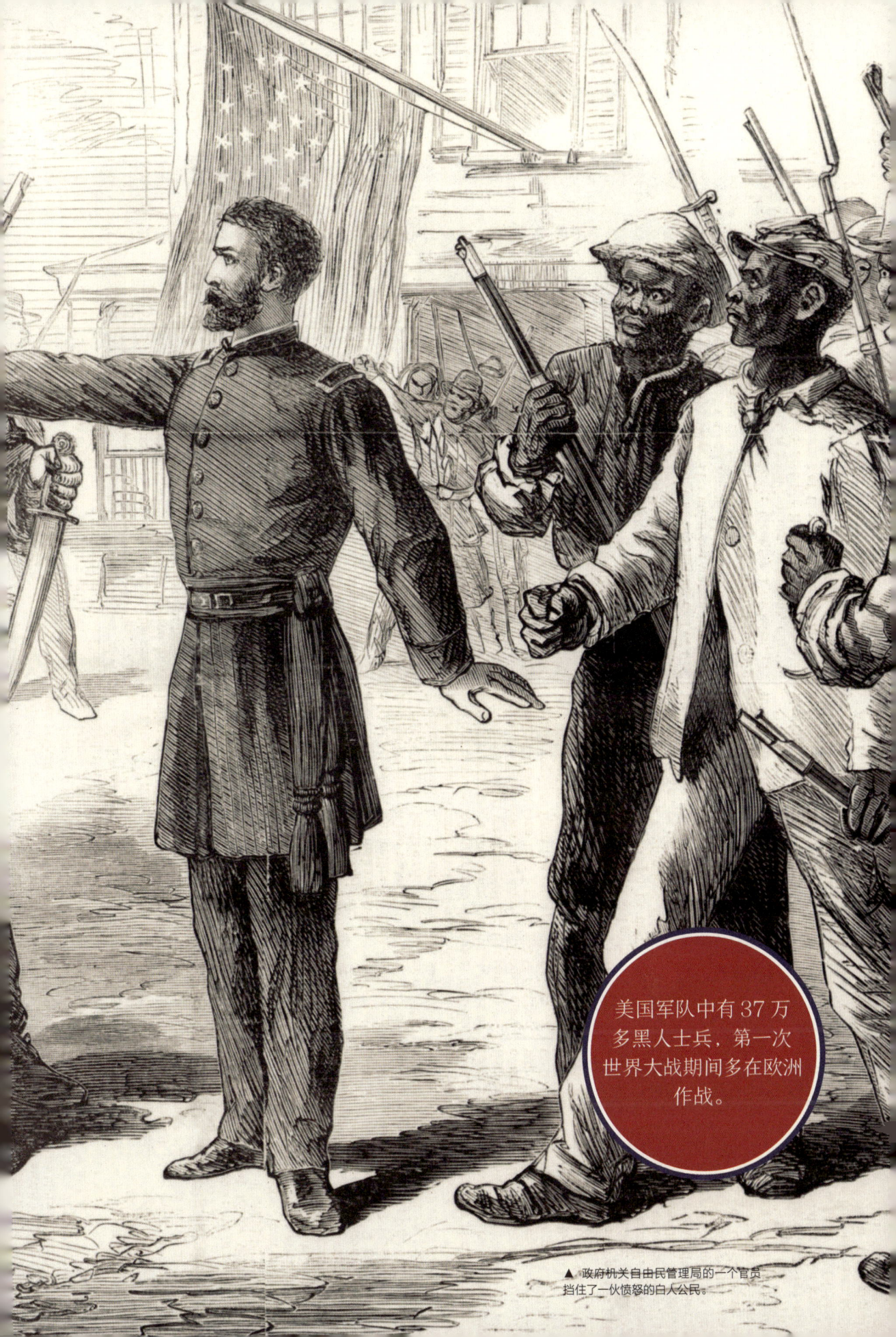

美国军队中有37万多黑人士兵,第一次世界大战期间多在欧洲作战。

▲ 政府机关自由民管理局的一个官员挡住了一伙愤怒的白人公民。

令人振奋的杰西·欧文斯

纳粹党在德国的权力和影响力如日中天，在其首都柏林举办了1936年夏季奥运会。尽管纳粹在德国对犹太人及其他少数族群的迫害已经公开化，德国人还是努力摆出友谊的笑脸来欢迎世界各国运动员。阿道夫·希特勒和他的纳粹政府对自己"优等种族"的优势很有信心，也期待通过体育竞技展现这种优势。

美国队中有一位22岁的黑人田径运动员，名叫杰西·欧文斯，他已经在国内的比赛中取得过优异成绩，大名鼎鼎。如今在世界舞台上，欧文斯单枪匹马打破纳粹雅利安人种优越性的神话，赢得了4枚金牌：100米、200米、跳远和4×100米接力赛。观众们高声欢呼，而希特勒面沉似水，不愿相信自己的眼睛。

欧文斯还记得："当我回到祖国，铺天盖地都是希特勒的消息，我仍不能坐到公共汽车的前部……我也未受邀与希特勒握手，甚至也未受邀到白宫与总统握手。"

▲ 在1936年奥运会200米决赛中，4枚金牌获得者杰西·欧文斯开始破纪录的冲刺并赢得胜利。

受教育的程度越来越高，工作时也能领到薪酬。过去来自北方的废奴主义者、教会组织和爱心人士帮助被解放的奴隶学习阅读，以使其更全面地参与社会生活。这些人便是民权运动的先行者。

但自由黑人的社会地位问题仍然没有大的改观。联邦士兵的存在一定程度上遏制了白人的权利。1877年联邦士兵撤出时，南方黑人和白人经过同化融合基本形成了一个有机运转的社区。但是，白人主导的权利体系仍无处不在。

美国内战之后，南方各州政府担心种族平等可能产生的后果，早在1865年就通过所谓的《黑人法令》，阻止过去的奴隶提升经济与社会地位。该法令强化了白人的优越地位，随之而来的是数十年的斗争、抗议、暴力、胜利与悲剧的交叠，直到20世纪中期民权运动的兴起。

自19世纪后期开始，南方的立法机构便开始通过一系列法律，合起来称作《吉姆·克劳法》，这是一个颇具嘲讽意味的名称，"吉姆·克劳"取自19世纪30年代剧院里一个千篇一律的黑人角色。这些法律确认了南方的种族隔离制度，若美国其他州颁布了类似的种族主义法令，也会被归类为《吉姆·克劳法》。这些法律

数十年的斗争、抗议、暴力、胜利与悲剧的交叠推动了民权运动的兴起。

中最明目张胆的歧视是禁止种族间通婚，规定分校教育和剧院、餐厅等公共设施隔离。交通法规将黑人限制在火车的一定区域，后来要求他们坐在公共汽车后部的座位上。

1896年，美国最高法院在标志性的"普莱西诉弗格森案"中，以7比1的投票结果赞同"隔离但平等"的法律条款。法庭裁定，只要公共设施之间差别不大，涉及公共设施的种族隔离法便不违反宪法。接下来的半个世纪，法庭采取措施消除对"普莱西诉弗格森案"的过度解读，但从未彻底推翻原来的决定。1954年，"布朗诉托皮卡教育局案"要求废除地区公立学校的种族隔离制度，此时距"普莱西诉弗格森案"已接近60年。

投票权的压制、种族主义的立法、治安委员会的欺压以及随时的暴力事件一波又一波冲击着南方黑人早期的所谓"自由"岁月。从1884年到1900年，有2000名黑人被处私刑，往往没有任何执法机构介入。大部分受害者以捏造的罪名被控告，罪名从与白人妇女交好到强奸或谋杀，不一而足。有时完全没有经过正式指控和审讯，受害者便被拖到树林里，在大量愤怒人群的围观下，声势浩大地被绞死了事，场面令人不寒而栗。

从黑人解放到20世纪50年代的民权运动觉醒，时间已经跨越了近一个世纪。在美国，身为黑人意味着生活在一个被蓄意歧视的时代，教育、工作甚至医疗服务处处受限。1900年，美国黑人的平均寿命为33岁，而白人则是47.6岁。到1978年，这一差距已很接近，即69.2岁

> 根据1930年的人口普查，美国的黑人人口接近1200万，占总人口的9.7%。

▲ 在重建时期，北方的教师迁到南方，帮助过去的奴隶读书识字。

对74岁。其中的推论很明晰——黑人是美国梦的基本组成部分，却被放逐到社会经济阶梯的下层，往往深陷贫困与危机的深渊，无法自拔。

尽管面对这些困难，非洲裔美国人仍取得了进展，他们不仅在南方取得成就，那些迁移到北部和中西部地区的人也凭借自己的勤奋获得红利，文化艺术得以振兴。在所谓的大迁徙中，黑人演员常常屈就去扮演一些类型化的角色，特别是在蓬勃发展的电影行业中；但他们在文学、影视、音乐和体育方面取得的成就璀璨夺目——当然有些东西还无法完全擦去，即肤色障碍。

那个时代最重要的政治声音是布克·T. 华盛顿，他是出生在奴隶家庭的一代人中的一员，经历了当时的社会变革。华盛顿是一名作家、教育家，也是美国总统的顾问。他倡导黑人教育和创业精神以回应《吉姆·克劳法》，他的讲台就设在阿拉巴马州的塔斯基吉学院。其他直言不讳的黑人改革者选择了更具侵略性的路线。这一派的一位领导人是W. E. B. 杜博瓦，他是第一位获得哈佛大学博士学位的黑人学生，也是1909年全国有色人种协进会的共同创始人，直到今天该协会仍是争取民权的强大力量。

> 埃莉诺·罗斯福因"美国革命女儿"协会拒绝一位黑人歌手表演而退出该组织。

▲ 布克·T. 华盛顿在纽约市卡内基音乐厅为包括马克·吐温（演讲者身后）在内的观众演讲，观众们听得全神贯注。

▲ W. E. B. 杜博瓦是全国有色人种协进会的共同创始人，卓越的社会学家，民权活动家。

马科斯·加维与泛非主义

▲ 马科斯·加维，泛非主义运动的领导人，拍摄于"黑星航线"经营失败后的1924年。

牙买加出生的马科斯·加维崛起成为泛非主义的拥护者，倡导所有非洲血统的人团结起来。1914年，他创立了世界黑人进步协会（UNIAACL）。加维坦诚地支持非洲裔人民返回自己的祖国，并切实成立了一家船运公司"黑星航线"，为黑人的往来和全世界黑人生产的商品的流通提供便利。

加维的主张颇受争议，事实上他支持种族隔离，因而招致其他黑人领袖的严厉批评。尽管如此，他仍有大量拥趸。他的行动也吸引了美国政府的注意，调查局（即联邦调查局的前身）将其置于监控之下。20世纪20年代初期，"黑星航线"破产，他因售卖自己公司股份时邮件欺诈而被捕，被判入狱监禁。1927年他被遣送回牙买加。

几个月后，加维建立牙买加的第一个政党。1935年，他移民英国，并密切关注法西斯意大利袭击东非国家埃塞俄比亚这一悲剧性战争。1940年他因中风去世，享年52岁。

1903年，杜博瓦预言20世纪最大的议题就是"肤色界线"。在第二次世界大战前的几年里，不仅在南方，而且在全美国，他的论断在持续存在的种族歧视与隔离中得到证实。传统上说，共和党为黑人提供支持，但在20世纪30年代，民主党之前作为黑人压迫者的角色开始转变。1934年，亚瑟·W.米切尔成为入选国会的第一名黑人民主党议员。在体育方面，布鲁克林道奇队的老板布兰切·瑞奇承诺签下杰基·罗宾逊，打破了棒球大联盟的肤色壁垒，并于1945年签约。

当时，第二次世界大战的苦难正在改变美国社会的特征。犹太人大屠杀令人警惕种族主义的堕落与恐怖。大迁徙有助于黑人社会的流动，黑人的政治舞台也随之改变。20世纪50年代，黑人争取自身权利的旅程依然漫长，但这些力量聚合起来，如催化剂一般促进了民权运动的诞生与发展。

民权运动之父

虽然他们的观点常常彼此冲突，
但 W. E. B. 杜博瓦与马科斯·加维共同建立了
现代民权运动的基础。

★★★★

民权运动肇始于1954年，20世纪60年代在两位领导人物的努力下实现了立法上的胜利。马丁·路德·金主张明确美国黑人法律上平等的权利，如投票权和教育权。马尔科姆·X将美国黑人争取权利的斗争视为全球的抗争，他主张分裂主义，希望创立独立的黑人经济与领土。这两种策略都植根于19世纪与20世纪早期的历史中，威廉·爱德华·伯格哈特（W. E. B）·杜博瓦与马科斯·加维也存在这样的龃龉。

北方各州赢得了美国内战，废止了奴隶制，但并没有消除种族歧视。在南方各州，《吉姆·克劳法》将黑人与白人隔离开来。在北方各州，那些南方黑人移居过来追寻平等与就业的城市中，潜在的种族主义使得种族歧视仍在延续。

1868年，W. E. B. 杜博瓦出生在奴隶制时代的一个"自由黑人"家庭。他在马萨诸塞州大巴灵顿的一个农场长大，在一个种族混合学校读书。他毕业时获得了"致告别辞优秀生"的荣誉，即代表他同年的全体毕业生发表告别致辞。杜博瓦后来离开南方，到田纳西州的黑人大学菲斯克大学就读。在那里，他开始了解《吉姆·克劳法》的波及范围以及伴生的广泛种族主义与暴力活动。他所了解到的情况令他大为震惊，回到马萨诸塞州后，便投身于争取平等权利的斗争。

1895年，杜博瓦成为第一位获得哈佛大学博士学位的黑人。他的题为《1638—1870年美国非洲奴隶贸易的衰落》的博士论文是第一批探讨这一主题的研究成果。在世纪之交，杜博瓦回到南方，成为佐治亚州亚特兰大大学的一名教授。他将自己打造成冉冉升起的

> 杜博瓦的报告促使全国将注意力转到东圣路易斯暴乱上来，那里有数十名美国黑人被屠杀。

▶ 1918年，威廉·爱德华·伯格哈特·杜博瓦50岁。

▲ 1922年马科斯·加维戴着他标志性的三角帽。

黑人知识分子的形象,这使他卷入与另外一位卓越的黑人思想家布克·T. 华盛顿的冲突之中。

19世纪50年代中期,华盛顿出生在一个奴隶家庭,曾在盐矿工作,去美国第一批黑人学校中的汉普顿学院求学前,也曾做过家仆。作为阿拉巴马州一所黑人职业学院——塔斯基吉学院的领袖,华盛顿传达的理念是,南方黑人与南方白人一样,要想在工业经济中生存下来,必须接受农业和技术的培训。华盛顿认为,如果南方的黑人能实现经济独立并展现出其对南方白人邻居的实际价值,南方白人就会给予他们平等的民权。

1895年,华盛顿在佐治亚州首府亚特兰大宣布了他的策略,其策略也因此被称为"亚特兰大妥协案"。华盛顿的大批白人支持者中有很多南方政客,包括西奥多·罗斯福总统,他们盛赞他的策略克制而爱国。包括杜博瓦在内的批评者则认为,这个策略是永远的妥协,是对无法接受的体制的让步。他们声称,华盛顿把艰难而必要的争取公民权利的政治运动托付给了不确定的未来。

1899年,山姆·豪斯在佐治亚被2000人的白人暴民私刑处死,这使杜博瓦再次确定,坚决的行动是必要的,不能感情用事。豪斯受尽折磨,绞死后被焚尸。杜博瓦步行去与一位同情黑人的报社编辑会面的路上,看到豪斯被烧焦的关节在亚特兰大商店的橱窗里展示。1903年,杜博瓦发表了文集《黑人的灵魂》,这是非洲裔美国文学的开创性之作,也是对华盛顿妥协策略的公开反驳。

"20世纪的问题是肤色界限的问题,"杜博瓦在书中写道,"即在亚洲、非洲、美国和其他海洋群岛深肤色种族与浅肤色种族的相互关系。"所有黑人,特别是南方黑人

被遗忘的早期民权运动英雄

爱德华·威尔莫特·布莱登

出生在丹麦西印度群岛(现在的美属维尔京群岛)的爱德华·布莱登是一名教师、政治家,是"泛非主义运动之父"。1850年,在美国的大学拒绝他以牧师的身份申请学习后,他搬迁到利比里亚,担任国务秘书。

普林斯·霍尔

普林斯·霍尔自称18世纪30年代中期出生在英国的一个非洲裔家庭。他作为仆人或奴隶被带到波士顿,经培训成了一名皮革匠,最终获得自由。1773年,他作为一名黑人自由民社团代表向马萨诸塞州参议院请愿要求返回非洲。不久以后,他又召集黑人支持美国革命。

马丁·德拉尼

马丁·德拉尼(1812—1885)出生时,其父亲是奴隶,母亲是自由民,他跟随母亲在自由状态下生活。他在匹兹堡成为建立东非"黑人以色列"国的倡导者。他是废除奴隶制的抗争者,也是黑人民族主义的创始理论家之一。德拉尼曾被哈佛医学院录取,后来因白人学生抗议而被逐。他是当时美国联邦军中唯一的黑人少校。

布克·T. 华盛顿

布克·T. 华盛顿(1856—1915)是最后一代出身奴隶家庭的黑人领导人。19世纪90年代,他成为美国黑人社区最主要的声音。虽然他的"亚特兰大妥协案"遭到W. E. B. 杜博瓦的抨击,但他的思想也给杜博瓦和马科斯·加维带来了启迪。

弗雷德里克·麦克吉

弗雷德里克·麦克吉(1861—1912)出生在密西西比的奴隶家庭,是美国第一位黑人律师,为现代民权运动奠定了基础。1905年,他加入了W. E. B. 杜博瓦创立的尼亚加拉运动,该组织致力于争取黑人民权的斗争。1909年,他转而领导成立了全国有色人种协进会。

▲ 1905年的尼亚加拉运动合影。杜博瓦在中间一排,戴着白色礼帽。

培育自己的教育、政治和精神资源。1905年,杜博瓦和其他几位年轻的非洲裔美国抗争者建立尼亚加拉运动,该组织的原则是明确反对"亚特兰大妥协案"。

事实证明,杜博瓦对华盛顿观点的批判是正确的。1906年,得克萨斯州的布朗斯维尔居民发动骚乱,抗议黑人士兵的存在,罗斯福总统为了回应布朗斯维尔事件,将167名黑人士兵很不光彩地扫地出门。不久以后,亚特兰大有200多名黑人被白人暴民杀害。杜博瓦在《亚特兰大的一连串事件》中写道,妥协已经结束了。

运动共识已在黑人活动家之间达成,他们将共同为争取平等权利、自由投票权和教育权而斗争。1910年,杜博瓦移居纽约,担任领导下一阶段斗争的全国有色人种协进会(NAACP)的公关与研究部主任。他在这个职位上领导了反对私刑、消除美军中的种族隔离以及抵制1915年D. W. 格里菲斯的影片《一个国家的诞生》(该影片将三K党刻画成捍卫美国价值的爱国者)等斗争。

杜博瓦一直把"肤色界限"看作全球问题。在《黑人的灵魂》一书中,他分析道,美国黑人的"双重意识"危害很大,在心理上撕裂了黑人与美国身份的统一。为了弥合这个伤口,美国不仅需要给予黑人法律和社会的平等,而且需要加强与其他非白人人口的联系。同时,在杜博瓦的论断中还包含了反对帝国主义以及向往社会主义

需要法律上的平等和现实上的平等,这些要通过教育来实现。华盛顿的"亚特兰大妥协"是一种"怀柔"策略,将延续"自我调整与顺从的老路",这种妥协无论能否促使南方白人给予黑人合法的平等权利,都将造成新的压迫,即经济上的压迫。

杜博瓦结合他在哈佛和亚特兰大的经验,主张培养黑人精英,一个"占人口十分之一的天才"可以追求"最崇高的理想",可以为"文化与品格"而奋斗,而不只是为了维持生计。他说,南方各州黑人与白人隔离,警察和司法系统成了"使黑人重新奴隶化的工具"。如果黑人获得法律上的平等与公平的机会,一定会

的政治观点。早在1900年，他就在伦敦参加了由海地与特立尼达的运动领导人组织的第一次泛非大会。1919年，他在巴黎收集美军种族歧视信息时，又参加了泛非大会系列会议的第一场会议。

世纪之初，杜博瓦战胜了年长的布克·T.华盛顿，他主张立即争取法律上的平等而不是经济上的融合和对现有秩序的妥协。如今，杜博瓦自己却被控是妥协主义者。他的新反对者是更年轻的马科斯·加维（1887—1940），他是牙买加出生的黑人分离主义者，主张"回归非洲"。

具有讽刺意味的是，布克·T.华盛顿的黑人经济独立主张对加维在1914年成立的世界黑人进步协会（UNIA）也产生过一定的启迪。两年后，加维在美国募集资金依照华盛顿的塔斯基吉学院模式成立了一所牙买加人技术学院。但是加维并未吸收任何华盛顿的妥协主义政治观点。他虽然也未接受杜博瓦的"美国黑人的问题也是全球问题"的说法，但他确实认同了杜博瓦的愿景，即法律上的平等和社会主义可以消除白人中间的种族主义观点。

到1920年，世界黑人进步协会宣称已有400万会员。加维在一次暗杀中幸免于难，他在美国奴隶建立的西非国家利比里亚开展了一个将基础设施现代化的项目，希望可以将其转变为一个现代黑人国家。他创建了"黑星航线"，一个旨在帮助非洲与世界其他地区建立经济联系的船运航线，同时将技术娴熟、为人忠诚的美国黑人运送到利比里亚。

美国最大的黑人出版物、杜博瓦的全国有色人种协进会杂志《危机》盛赞了"黑星航线"的气魄，但也称加维是"美国和世界黑人种族最

▲ 亚尔茅斯号——短命的"黑星航线"舰队的第一艘船。

危险的敌人"。美国联邦调查局（FBI）也认同这一点，起诉他使用非"黑星航线"图册上的轮船照片募集资金。1922年，加维被判五年监禁，"黑星航线"破产。1927年，柯立芝总统下令将其遣送回牙买加。1940年，加维在伦敦去世。

同时，杜博瓦的地位越来越高。他热衷于在纽约市不断增加的黑人人口中，推动艺术的蓬勃发展，即"哈莱姆文艺复兴"，并在大学和左翼政治之间游走。尽管他的美国民权策略已成为20世纪60年代运动的主流思想，但他的国际视野和政治观点仍是争议话题。1963年，他在加纳去世，享年95岁。

与马丁·路德·金相比，杜博瓦在政治上更倾向于社会主义和泛非主义，也有较少的基督主义成分。马尔科姆·X与加维的分离主义和回归非洲的哲学有更多相近之处。但不管怎样，金和马尔科姆·X分别作为普世主义者和排他主义者，都继承了杜博瓦和加维的衣钵继续前行。

▲ 1907年尼亚加拉运动代表在马萨诸塞州波士顿的会议大合影。

▲ 1917年由杜博瓦组织的纽约静默游行，以抗议圣路易斯的种族骚乱。

《吉姆·克劳法》阴影下的南方

美国南方各州种族隔离在法理上根深蒂固，相关法律的民间称谓来自一首耳熟能详的种族主义歌曲。

★★★★

"四处转转四处看，只是这样散散步，每次转转我都跳吉姆·克劳舞……"于是歌舞队跑着唱起吉姆·克劳舞曲。这支曲子由44行种族主义打油诗组成，在19世纪的白人演员托马斯·"老爹"赖斯的表演下变得耳熟能详。赖斯常常穿着破烂衣服，戴着破帽子，蹬着一双破鞋演绎这首受欢迎的短歌，他的脸当然涂得黑黑的。观众常常更关注歌词而不是他的恶作剧。这段表演是取笑黑人的歌舞与滑稽表演的前身，深刻传递了有关黑人的刻板印象：懒惰、无知、暴力。"吉姆·克劳"也被用来指称将黑人与白人隔离了数十年的相关法律。

所谓的《吉姆·克劳法》，发展自美国南方各州在19世纪60年代通过的各种《黑人法令》。这些内战前相继出台的奴隶法令限定了奴隶的地位，定义了奴隶主的责任。《黑人法令》适用于1861年至1865年间新近解放的奴隶，其目的是控制黑人的行动与劳动，使他们在政治上、社会上受到压制。他们可能已获得自由，但在南方白人看来，他们永远不能获得平等的地位。

到了19世纪70年代的重建时期，联邦政府已经引入立法来保护非洲裔美国人的权利。但这些小小的积极的举措几乎立刻被白人政客推翻，他们很快在南方各州重掌政治权力。那些黑人候选人想方设法赢得政治话语权，但他们的选票在州选举和全国选举中都遭到压制。因为没有代言人，南方各州的黑人居民实质上被剥夺了选举权。白人至上主义者强烈反对培植黑人中产阶级的想法。隔离则意味着为黑人提供单独的学校和公共设施（甚至要建单独的饮水处），而这些设施的建设资

> 一些电车公司本想拒绝隔离车厢，却被迫依法隔离。

印制、出版和散发任何暗示黑人和白人平等的材料都将被处罚。

▲ 托马斯·赖斯展现的吉姆·克劳的刻板形象。

金严重不足,没有任何支持。南部的非洲裔美国人被迫处于贫穷和文盲的生活状态,他们所受的压迫和虐待却得到官方的默许。甚至很少有人将黑人视为公民,理所当然将其视为低等阶级。当犯罪发生时,他们甚至无法诉诸司法系统。20世纪上半叶,私刑数以千计,在南方仍然很普遍。直到1955年,令人震惊的埃默特·提尔谋杀案引起了媒体的广泛关注,人们的态度终于开始转变。

每个州的特别法各不相同,但在实施《吉姆·克劳法》的南方,到处都会根据肤色分配公共交通工具中的座位。白人护士不需要到安置了黑人患者的病房工作。黑人发型师或理发师被禁止剪白种人的头发。跨种族婚姻和同居是绝对违法的。在密西西比州,印制、出版和散发任何暗示黑人和白人平等的材料都将处以500美元罚金或者6个月监禁。在路易斯安纳州,像马戏表演这样的公开演出和户外活动依法需分区售票,一个区域是白人观众,另一区域是黑人观众。在佐治亚州,黑人和白人业余棒球队在两个街区之内比赛是非法的。

第一次世界大战中,有36万多名黑人士兵参战,但他们回来后面对的只有种族骚乱——穿着军装的黑人士兵被白人暴民处以私刑。全国有色人种协进会的成立,促使民众注意到美国黑人日复一日遭受的不公正待遇,但直到第二次世界大战后才掀起运动的风浪。纳粹德国的种族优越感与美国南方保持种族血统的纯净白人至上主义极为相似,这令美国在世界政治舞台上十分尴尬。1948年,哈里·S. 杜鲁门总统敦促国会废除《吉姆·克劳法》,种族融合的部队第一次在朝鲜战争中亮相。

前路漫漫,民权运动事业在未来几年中将获得更多政治动力与社会动力,民权运动的积极行动者们也开始迎来越来越多的胜利。

▲ 1948年,民权运动人士抗议军队里的种族隔离。

▲ 1944年的示威游行中具有象征意义的吉姆·克劳葬礼。

1896年"普莱西诉弗格森案"

《吉姆·克劳法》用"隔离但平等"来阐述美国南方黑人与白人隔离状态的合法性，这似乎很荒谬，但这的确是白纸黑字的法律条文。1896年，最高法院对"普莱西诉弗格森案"做出标志性裁决，确认了种族隔离符合宪法规定。

荷马·普莱西被官方认定为黑人，尽管他有八分之七的欧洲血统，只有八分之一的非洲血统。为了验证官方对他血统的判断，1892年6月7日，他买了一张白人专属车厢的一等车票，按时登上了新奥尔良的火车。当他拒绝换到火车后部的黑人专属车厢时被捕。审判中，主审法官约翰·霍华德·弗格森认定路易斯安纳州有权实施种族隔离，并处罚普莱西25美元。普莱西和新奥尔良公民委员会都提出了上诉，但最高法院认可了弗格森的裁决。

该案使南方的种族隔离法律和政策合法化，并为20世纪所谓的《吉姆·克劳法》奠定了基础。1954年，尽管《吉姆·克劳法》事实上被"布朗诉托皮卡教育局案"推翻，但"普莱西诉弗格森案"的裁决并未正式撤销。

▲ 1896年"普莱西诉弗格森案"后的种族隔离学校。

变革即将到来

- 48 震惊美国的谋杀案
- 53 罗莎·帕克斯：厌倦了屈服
- 60 小石城事件
- 63 筑梦：马丁·路德·金的崛起
- 70 非暴力抗议的力量
- 80 改变美国的运动

历史的瞬间
1954—1963

1854年5月17日
布朗诉托皮卡教育局案

如果没有"布朗诉托皮卡教育局案",那么几乎整个20世纪美国儿童都将在种族隔离学校读书。自1896年起,"隔离但平等"的争议政策开始实施,迫使学生分开乘坐校车,到不同的学校读书,长大成人后分隔为不同的成人社区。全国有色人种协进会为修正此项法律在全国的法庭上斗争了几十年,即将在这一时刻最终彻底推翻持续了半个世纪的种族隔离政策。

该案是由助理牧师、焊工奥利弗·布朗带领堪萨斯州托皮卡的13对父母提起的诉讼。诉状称,为非洲裔美国学生提供的设施与为白人学生提供的设施相比,远不公平,违反了宪法规定。布朗自己的女儿被禁止到托皮卡的白人小学就读,被迫到离家很远的有色人种的指定学校上学。美国堪萨斯州地方法庭虽宣称这触犯了《宪法第14修正案》关于所有非洲裔美国人的权利的规定,认同这种隔离造成了"对有色人种儿童的伤害",但仍坚持"隔离但平等"的信条。

● 1957年1月10日
南方基督教领袖联合会成立
马丁·路德·金在联合抵制蒙哥马利巴士运动后,组建南方基督教领袖联合会(SCLC),以非暴力方式进一步推动民权运动。该组织借助教会解决了会员的难题,因此拥有大批追随者,在非洲裔美国人追求民权的抗争中发挥了关键作用。

● 1960年2月1日—7月25日
格林斯博罗静坐示威
北卡罗来纳州格林斯博罗的抗议活动不是当时唯一的静坐抗议活动,却是最著名的抗议活动,对扩大运动范围起到了重要作用。非洲裔美国学生约瑟夫·麦克尼尔、富兰克林·麦凯恩、小埃瑟尔·布莱尔和戴维·里奇蒙在当地的伍尔沃斯百货公司坐下来,一坐就是5个多月,拒绝离开,致使该连锁百货公司取消了种族隔离政策。

● 1961年5月4日—12月10日
自由乘车运动
在1961年的7个月里,一群民权积极行动者开始在全美乘坐公共汽车,以抗议最高法院的两项关于公共汽车种族隔离违宪的裁决未予落实。在此期间,430多名积极行动者进行了60次自由乘车行动,遭到了三K党甚至一些管区警察的暴力回应,这反而鼓舞了民权运动。

▲ 瑟古德·马歇尔与律师乔治·E. C. 海耶斯、M. 纳布里特在最高法院外一起欢庆这一历史性的裁决。

根源

1896年
"隔离但平等"原则立法

1909年2月12日
全国有色人种协进会成立

1953年10月5日
厄尔·沃伦成为首席大法官

影响

1955年5月
最高法院加速解除种族隔离制度

1957年9月25日
小石城护送9名非洲裔美国人入校

1964年7月2日
《民权法案》立法

> 尽管有了这一裁决,但落实的过程很迟缓。截至1964年,南方只有1%的黑人孩子与白人同校就读。

因此,1952年布朗与其他原告结合自己的诉求与大量相似的案件,以布朗诉托皮卡教育局的名义向最高法院上诉。全国有色人种协进会法律辩护与教育基金部主任瑟古德·马歇尔担任他们的首席辩护律师。在该案中,布朗最终获得压倒性胜利,法庭一致裁决种族隔离反道德且违宪,依据法律,所有学校应开始重新融合各个种族。

1962年9月30日—10月1日
密西西比大学的种族融合
1962年9月30日,退役老兵非洲裔美国人詹姆斯·梅瑞德斯申请到密西西比大学(俗称"Ole Miss")就读。1954年"布朗诉托皮卡教育局案"胜诉后,梅瑞德斯有权申请该大学,但这一申请激起了白人学生的愤怒,造成了两天骚乱,300多人受伤,2人死亡。1963年8月18日,梅瑞德斯毕业,获得政治学学位。

1963年6月11日
约翰·肯尼迪总统的民权演讲
1963年,约翰·肯尼迪总统发表著名的《致美国人的民权报告》演讲,他的演讲彻底改变了民权运动。肯尼迪恳请全国人民考虑,争取平等的斗争不是一个法律问题,而是一个道德问题。他公开表示他个人支持新立法,以使这些议题最终得到认可。

1963年6月12日
梅德加·埃弗斯遭暗杀
在肯尼迪发表著名的民权演讲仅仅几个小时后,卓越的民权活动家、全国有色人种协进会的外勤秘书梅德加·埃弗斯被白人公民委员会及三K党成员拜伦·德拉·贝克维斯射杀。埃弗斯是一名"二战"老兵,葬礼以最高规格进行,他的去世显然是非洲裔美国人民权斗争又一个至关重要的部分。

·47·

震惊美国的谋杀案

爱默特·提尔被两名白人种族主义者令人发指地以私刑处死,这一事件是美国民权运动的重要催化剂。

★★★★

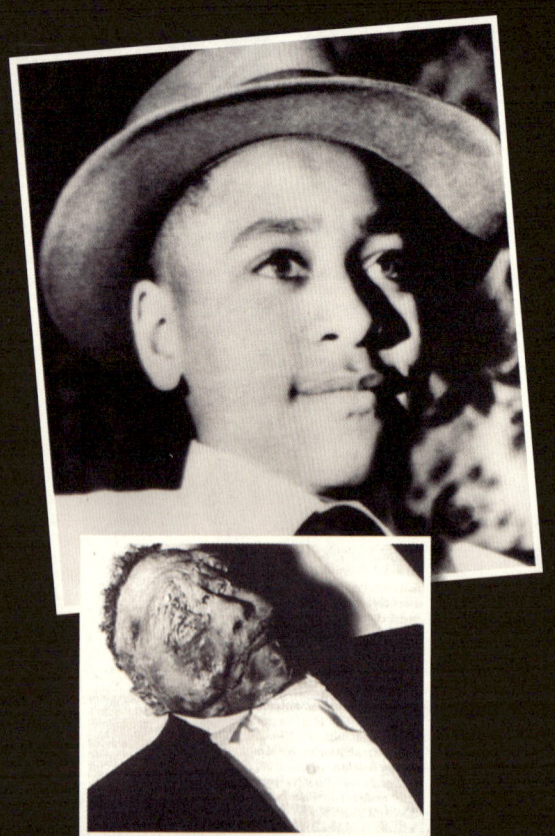

▲ 玛米提到爱默特打开的棺材:"我想让全世界看到他们对我的孩子做了什么。"

爱默特·提尔一定不知道在他死后60多年间仍被世人铭记,他对于一项重要的事业来说无论如何都有特殊意义。令人悲哀的是,他死亡的意义远超过他短暂的人生。

提尔生于1941年7月25日,基本上由其单身母亲玛米抚养大(他有一个暴躁的父亲和偶尔露面的继父)。他在芝加哥长大,却对从叔祖摩西那儿听来的密西西比河三角洲的老故事很着迷。1955年夏天,只有14岁的他做出了一个令其丧命的决定,到他母亲长大的地方,即实行种族隔离的南方探访。玛米警告他,那里是远比芝加哥更充满种族暴力攻击的环境,在白人身边他必须十分小心自己的举止。他答应母亲会小心的。

一开始提尔顺顺当当地住在摩西担任当地牧师的密西西比州小镇玛尼。他很快和当地佃农的孩子交上朋友,但仅仅三天以后发生的事件导致他年轻生命的悲惨终结。他在街上和朋友玩耍的

▲ 玛米和爱默特的叔祖。

时候，去白人夫妇罗伊和卡罗琳·布莱恩特开的杂货店买了两美分的泡泡糖。

卡罗琳当时一个人在店里，她声称提尔抓住她的胳膊，做出了淫荡的暗示——后来她在有生之年撤回了这样的陈述。其他证人指出，提尔几乎没有做出任何吸引他人注意的举动。也许他在离开小店的时候对卡罗琳吹了口哨，但即便如此，报告也与卡罗琳的说法相矛盾。报告显示，口哨或许是他用以克服口吃的一个小技巧，或者他只是在吸引一个在街对面玩跳棋的朋友的注意。

无论真相如何，一个黑人男孩只是对一个白人妇女做了一个常见的动作，在私刑较为普遍的美国南方，这样的说法也是为白人种族主义者所不容的。罗伊·布莱恩特听说此事，勃然大怒。他叫上同父异母兄弟约翰·威廉·米兰姆，开始搜寻爱默特·提尔。3天后，他们找到摩西的家，强行进入，把提尔拖出来扔上在路边等候的卡车。

他们把提尔带到密西西比州德鲁市的一座谷仓，用手枪抽打他，残酷地折磨他，最后开枪击中他的头部。他们抬起提尔的尸体，扔进了塔拉哈奇河。直到8月31日，提尔的尸体才浮出水面。

但与以往的类似谋杀案不同，提尔悲惨不公的结局不会风平浪静。提尔遇害是在民权运动史的早期，当时黑人正处于政治和种族攻击的漩涡中，提尔被杀案必然会成为全美的头条新闻。这与

> 布莱恩特和米兰姆的辩护团队试图使陪审团相信尸体不是提尔的，提尔还在某地活着。

卡罗琳·布莱恩特的忏悔

真相是爱默特·提尔除了对卡罗琳·布莱恩特吹了口哨，什么都没做，甚至可能只是对街对面的朋友吹的口哨，根本不是对她。但不管她出于什么理由，布莱恩特还是作证说提尔抓住了她的胳膊，言语威胁她，还下流地炫耀自己侮辱白人妇女的历史。50多年过去了，布莱恩特才最终承认自己撒了谎。2007年在提默西·B.泰森为其著作《爱默特·提尔的鲜血》做采访时，她才最终打破沉默。她在提到之前做出指控时说道："我描述的那段情节并不属实，只是那个男孩已经无法证实当时的情况。"她对爱默特感到"有些难过"。她很清楚，自己年轻时白人至上的种族隔离思想是错误的，尽管当时习以为常。虽然她表达了歉意，但自始至终都没有道歉。2017年，这次采访公之于众。

▲ 卡罗琳·布莱恩特和她丈夫罗伊以及他们的两个孩子在法庭上。卡罗琳晚年承认她在爱默特·提尔事件上撒了谎。

提尔来自芝加哥而不是南方也有很大关系。玛米决定用一个敞开的棺材，公开展示爱默特残缺不堪、无法辨认的尸体。尸体的新闻图片令整个国家震惊。任何肤色、任何宗教的正常人都无法容忍这样的犯罪。因其罪行，布莱恩特和米兰姆得不到公众的任何支持。

但他们竟被判无罪。在一个密不透风的种族隔离法庭，陪审员全是白人，使得这对嫌疑人轻松过关。尽管证据对他们不利，几个证人的证词也不利，黑人公开指控法庭里的白人胆敢支持犯罪，但他们还是大摇大摆地走出了法庭。一些陪审员事后承认，他们认为白人杀一个黑人没必要判处监禁或死刑。由于免于因同一罪行两次受审（根据现已废止的"双重危险"法律），布莱恩特和米兰姆甚至在不久之后接受一个报酬丰厚的杂志采访时承认了自己的罪行。这种傲慢的行为对他们很不利。他们后来无论到哪里去恶名都如影随形，他们的生意因遭抵制而破产。在度过标记着暴力和轻微犯罪的惨淡人生之后，米兰姆和布莱恩特分别在1980年和1994年死去。

与此同时，提尔一直活在人们的心中，他的死彻底点燃了民权运动的火花。8月28日爱默特被谋杀，1963年的同一天马丁·路德·金发表了他的《我有一个梦想》的演讲。当杰西·杰克逊牧师问到罗莎·帕克斯为什么在1955年12月拒绝将自己的公共汽车座位让给一个白人乘客时，她答道，她曾考虑过坐到公共汽车后部去，但一"想到爱默特·提尔"就决定不再屈服。

> 爱默特的尸体从水里拖上来时难以辨认，勉强通过他戴的银指环才得以确认。

▲ 布莱恩特和米兰姆在审判中显得很轻松。

▶ 爱默特的母亲玛米在一个反私刑集会上发表演讲。

爱默特被谋杀后,玛米努力成为一名优秀的教育家和民权活动家。

▶ 伊利诺伊州爱默特·提尔的墓地。

帕克斯后来表示,如果她意识到司机是詹姆斯·布雷克,绝不会上这辆公共汽车。

▲ 帕克斯坐在公共汽车的前部,为一则新闻图片摆拍,那里过去是为白人预留的。

罗莎·帕克斯：厌倦了屈服

一个被压抑太久的社群的一个小小的反抗之举，
将成为全国性民权运动的催化剂。

★★★★

如果提到民权运动，没有人会想不到那位几乎以一己之力启动全国性运动的女人——罗莎·帕克斯。20世纪50年代，美国社会的很多层面都严格执行着种族隔离政策，罗莎·帕克斯不是第一个拒绝遵守法律的人，但她是点燃全国民权运动的那粒星火。

这一天跟往常一样，罗莎下班乘坐蒙哥马利市内公共汽车回家，途中她被要求将自己坐着的座位让给一个白人。但她表示拒绝，因此被捕。在庭审中，她得到了全国有色人种协进会（NAACP）当地分会的支持，该社团组织了一场持续381天的抵制乘坐公共汽车的全城行动。这场非暴力抗议活动在新任命的全国有色人种协进会负责人马丁·路德·金博士的领导下获得了全国关注，对于民权运动在全国的传播起到了催化剂的作用。将这一成果归功于一个人的行动似乎有失公允，但罗莎的反抗举动往往被看作是压垮骆驼的最后一根稻草。持久的不公促使大批美国民众站起来为追求平等而斗争。

罗莎·帕克斯出身低微，1913年2月4日她出生在阿拉巴马州首府蒙哥马利附近的小镇塔斯基吉。她的双亲莱奥娜和詹姆斯·麦考利，一位是教师，一位是木匠，他们重视教育，强烈主张种族平等。尽管他们拥有人身自由与坚定的目标，但一个年轻的黑人家庭在深南部的生活是极为艰难的。黑人社区几乎全部依靠为白人工作维持生计，但工作常常很卑微，收入很低，待遇很差。

罗莎从小读的是种族隔离学校，16岁正读高中时被迫辍学照顾患病的祖母，后来妈妈也

> 在帕克斯之前还有一位黑人妇女因此被捕，但警察报告中指控她有攻击行为，所以民权运动组织并未跟进这一案件。

病倒了,也由她照顾。多年之后在丈夫的鼓励下,她重回校园,获得了高中文凭。对她自己来说,这是一种证明;她也向面临同样困境的人证明,尽管人生起步时压抑沉重,但她仍成长起来了,实现了极大的自我价值。那些了解她的人说,她话语温和,但饱含安静的力量和面对挑战时艰苦奋斗的决心。

罗莎后来在蒙哥马利的纺织厂找到了一份缝纫工的工作。1932年,她19岁时,嫁给了雷蒙德·帕克斯。雷蒙德并未受过正规的教育,他积极地投身于全国有色人种协进会的工作,罗莎很快也投入其中。1955年12月1日她的举动正反映了她对民权运动事业的激情,她并不是一个决定不让出座位的普通个人,而是一个为了阿拉巴马及全美国黑人的美好生活而献身的社会活动家。

> 帕克斯与其他抵制者遭到了死亡威胁。

在很多人看来,12月的事件是必然的。蒙哥马利的公共汽车依肤色实行隔离,前部预留给白人,黑人坐后部。这就意味着黑人需要在公共汽车前面买票,然后下车从后门再上车找座位。公共汽车司机是掌控全车的最高权威,可以在高峰时段将隔离线后移并强迫黑人让出座位。如果不服从就会被赶下车,并叫来警察。罗莎·帕克斯几年前曾与司机

民权运动中的女性

多萝西·海特

担任全国黑人妇女理事会主席40年来,多萝西孜孜不倦地致力于帮助低收入学校并为贫困家庭提供服务。因她的努力,奥巴马总统在2010年将她形容为"民权运动的圣母"。许多人都认为,海特是民权运动的主要人物之一。

芬妮·露·哈默

在争取平等权利的斗争中,哈默曾入狱并遭受毒打。在1964年的电视直播中她坦陈了自己的经历,敦促总统林登·约翰逊组织一场临时新闻发布会,以引导媒体消除对种族主义美国的尴尬见解。哈默在1964年的民主党会议上讲述了自己的可怕经历。

▲ 埃德加·尼克松在公共汽车抵制运动中发挥了关键作用,是他将罗莎·帕克斯保释出监狱的。

詹姆斯·布雷克发生过口角，那一次罗莎下车走向后门时，布雷克驱车扬长而去。

刚忙了一整天的罗莎·帕克斯与三个黑人同排坐在拥挤的公共汽车上。当布雷克注意到有一个白人男士站立时，他命令帕克斯和其他黑人让出座位。虽然只需要一个座位，但法律规定白人不能和黑人同排乘坐。起初四个人都拒绝了，布雷克回应道："你们最好别自找麻烦，把座位空出来。"另三个人屈服了，但帕克斯没有妥协，她说她没坐在白人区，不应该让座。

帕克斯晚年回忆起这件事时说："那个白人司机向后朝我们走来，他摆着手命令我们起身让座，我感到一股决心，就像冬夜里的棉被一样包裹了我的全身。"她以钢铁般的意志拒绝退让一分一毫，迫使布雷克打电话向上级请示。上级的回应很简短："好吧，吉姆，你去，你去行使你的权力，阻止她，听懂了吧？"而后帕克斯被捕，因为她事实上没有让座，触犯了法律。被捕时，她问了警察一个问题："你为什么对我发号施令？""我不知道，但法律就是法律。"人们普

黛西·贝茨

贝茨是民权运动的标志性成员之一，她最显赫的成就是1957年带领小石城9名黑人学生就读小石城中央高中。之后贝茨一直不懈地努力，以改善其贫困社区的生活条件。

塞普蒂玛·克拉克

塞普蒂玛·克拉克致力于确保黑人教师获得同等报酬，被马丁·路德·金称为"民权运动之母"。自1919年以来，她一直为争取平等权利而奋斗。克拉克一直在南方基督教领袖会议工作，1970年退休。

伯尼丝·罗宾逊

罗宾逊是一位民权活动家，她认识到教育在争取平等中的重要性。她帮助南卡罗来纳州成立了公民学校，并与南方的南方基督教领袖联合会共同努力教授成人阅读技能，以帮助黑人通过扫盲测试来履行投票权。

黛安·纳什

作为学生非暴力协调委员会（SNCC）的创始人，黛安·纳什是整个民权运动中最具影响力的人物之一。她协助组织了静坐抗议和传奇的自由乘车者行动。纳什在纳什维尔及其周边地区孜孜不倦地工作，以争取平等的权利并结束种族隔离。

▲ 帕克斯成为一名民权运动的先锋，为追求平等奋斗了一生。

遍认为，这一问一答连同帕克斯的行动是美国民权运动的催化剂之一。

帕克斯因违反蒙哥马利关于种族隔离的城市法令第六章第11条，被关在警察局，当晚即被全国有色人种协进会分会负责人埃德加·尼克松保释出来。尼克松认为可利用帕克斯被捕的机会进一步推动他们的民权事业，于是当夜立即开始策划抵制蒙哥马利公共汽车的行动。第二天，市内到处都是报纸广告，连夜印刷的35000多份传单被分发到黑人社区。抵制行动呼吁所有黑人不要乘坐公共汽车，直到公共汽车上给予黑人跟白人同等待遇，取消隔离分区，并雇用黑人司机。为更好地领导抵制行动，"蒙哥马利进步协会"（MIA）成立，由刚到蒙哥马利的新人马丁·路德·金负责，他认为可以利用帕克斯案将斗争推向全国范围。

抵制行动的第一天刚好也是帕克斯的庭审日，她被判罚金14美元。随后的380天里，很多黑人为抵制公共汽车，宁愿乘坐黑人出租汽车公司的车、拼车或者干脆步行上班，有些人甚至一天行走32公里。这一行动很快开始产生预期效果，公共汽车公司利润暴跌，导致许多车队闲置了一年多。

> 黑人出租车公司将车费减到与公共汽车票价相同的水平，以支持抵制行动。

然而，成功的喜悦也被白人的激烈反应所冲淡，黑人教堂因此被烧毁，金和尼克松的房屋也遭到袭击。当局还试图通过其他方式打破抵制，例如，取消载黑人上班的出租车公司的保险，根据过时的反抵制法逮捕抵制者等。

这些高压手段并没有动摇蒙哥马利进步协会的法律攻势。就在一年前，最高法院对"布朗诉托皮卡教育局案"的裁决显示，种族隔离学校违宪。有了这份判决作为基础，他们的法律团队试图挑战公共交通的种族隔离法。1956年6月，这些法律被判违宪。尽管遭到抵制，但1956年11月最高法院还是维持了原来的判决。法律站在了他们的一边，公共汽车公司和城市产业都遭受了很大的经济损失，当局别无选择，只能终止公共交通的种族隔离法。1956年12月20日抵制公共汽车行动正式结束。

罗莎·帕克斯的拒绝掀起了南方规模最大也最成功的反种族隔离抗议浪潮。这种非暴力的方式获得了全国支持，并有助于将争取民权的斗争推向全国范围。

南方基督教领袖联合会的成立

南方基督教领袖联合会是一个诞生于成功抵制蒙哥马利公共汽车行动中的组织。该组织在马丁·路德·金的领导下，力图利用阿拉巴马州的胜利，以非暴力的方式推进民权事业的发展。当时南方的黑人社区是围绕教堂形成的，因此，有牧师作为行动领袖显而易见是个很好的选择。金本人说："由于南方黑人社区的特殊结构，南方基督教领袖联合会是面向教堂的。"

南方基督教领袖联合会将各种较小的民权组织联合在一个精神保护伞下，形成了三个主要目标作为该组织的基石。首先是鼓励南方白人加入他们的事业。尽管南方对黑人的仇恨和刻薄有惊人之深，但该组织认为并非所有人都抱有种族主义观点。其次，鼓励并要求所有黑人"寻求公正，拒绝一切不公正"。对于该组织而言，最后一点也是最重要的一点是坚信并坚持非暴力抗议。该组织的非正式座右铭是"白人头上的一根头发都不得伤害"。

▲ 南方基督教领袖联合会如今仍很活跃，小查尔斯·斯蒂尔接替了金博士的女儿伯尼丝的位置，现担任主席。

在蒙哥马利公共汽车抵制行动之前,非洲裔美国人不会被雇用为司机,他们被迫坐在公共汽车后部,还不得不给白人乘客让座。

小石城事件

1957年在阿肯色州的小石城，
9名黑人学生在一所种族融合学校行使自己的平等教育权，
但第一天进行得并不顺利。

★★★★

1957年9月，随着蒙哥马利抵制公共汽车行动的成功与马丁·路德·金演讲的发表，美国争取民权斗争中最轰动的事件之一发生在阿肯色州的小石城。无论如何，中央高中都名不见经传，然而却成为检验高等法院立法执行情况的关键地点。

该事件起于1951年，那时堪萨斯州托皮卡的13对父母一纸诉状将当地教育局告上法庭。在当时的南方各州，种族隔离依法强制执行。托皮卡的父母们在全国有色人种协进会的鼓励和支持下，呼吁该地区推翻这一政策。该案原告叫奥利弗·布朗，随即被命名为"布朗诉托皮卡教育局案"。1954年5月，美国最高法院结合来自南卡罗莱纳、弗吉尼亚、华盛顿和特拉华州的其他相似的起诉做出判决，认为将白人学生和黑人学生分校隔离违宪，这是里程碑式的判决。最高法院呼吁立即解除种族隔离，将黑人学生融合进白人学校。但问题累积已久，该判决并未取得任何实质进展。

跟其他南方地区一样，阿肯色州教育委员会基本上接受了这一判决，他们采纳全国有色人种协进会的建议，从1957年初开始在其旗下高中实施有计划的渐进融合。面对种族隔离主义团体中央高中母亲联盟和首府市民理事会的鼓噪与反对，9名黑人学生勇敢地注册为中央高中的第一批黑人学生。他们是米妮珍·布朗、伊丽莎白·艾克福德、厄内斯特·格林、西尔玛·马勒希德、默尔巴·帕蒂洛、格洛丽亚·雷、泰伦斯·罗伯茨、杰弗逊·托马斯及卡洛塔·沃尔斯。他们在校的第一天登上了全国头条，但并非以他们期待的理由。他们到达学校大门的时候却发现，州警卫

> 1999年，比尔·克林顿总统向参与小石城事件的9人分别授予国会金质奖章，以表彰他们为美国做出的卓越贡献。

> 中央高中的校址仍然保留着，现已成为一座历史遗迹，是一所民权博物馆的驻地。

队的枪口指着他们。

当时的阿肯色州州长是沃瓦尔·法乌博斯，他是以一名民主党改革派候选人身份当选的州长。但1957年9月，他在民意调查中苦苦挣扎，正面临对手强有力的挑战，对手正极力煽动当地白人选民的偏见。显然出于自身利益的考量，法乌博斯与自己选区的种族隔离主义者站在了一起。9月2日，他宣布将动用阿肯色国民警卫队阻止9人进入中央高中。他宣称这是出于对他们的保护，如果允许他们按计划入校，将有发生暴力事件的可能。

9人真正面对的敌意并非来自军人，而是成

小石城"失落的一年"

即使美国总统干预,沃瓦尔·法乌博斯州长仍丝毫未打算在他的州推行种族融合。尽管亲切友好的交谈有助于缓解小石城紧张的局势,但针对黑人学生的白人抗议据说仍在法乌博斯不公开的默许下进行着。艾森豪威尔派来军队,以确保联邦法律的落实,但法乌博斯采取了非常措施,将小石城所有高中在1958—1959年间关闭一学年。这段时间被称作小石城"失落的一年"。

法乌博斯的理由是,联邦军队的强行干涉超越了他对小石城的控制,是中央政府对地方权力的侵害。在这种特殊情况下,教师继续上班工作,但面对的是空荡荡的教室。虽然像足球比赛这样的体育比赛仍可继续,但各种族的学生都禁止就学。有些学生到邻近县区上学,有些去工作或参军,很多人干脆辍学。

"失落的一年"在1959年6月结束,联邦法庭宣布这种关闭跟种族隔离一样是违宪的。1959年8月12日,公立高中重新开学,解除种族隔离的行动仍进展缓慢,黑人学生仍面临着严重的种族歧视。

▲ 州长沃瓦尔·法乌博斯。

群咆哮的白人抗议者,这些人显然是要让他们知道他们不受欢迎。艾克福德没有与其他8名学生同时到达,她遭遇了特别恐怖严酷的考验,一个人被一群充满敌意的暴民包围起来。

该事件吸引了全美国和全世界公众的目光,僵持了三天之后,德怀特·戴维·艾森豪威尔总统以私人身份介入,他威胁法乌博斯说"我将以一切合法手段维护联邦宪法的权威"。面对美国总统的愤怒(更不用说他可能因此入狱),法乌博斯知趣地让步了。9月14日,他前往罗得岛州纽波特市,与艾森豪威尔举行了私人会议,法乌博斯同意将他个人对种族隔离的明确看法搁置一旁,遵守最高法院的裁决。9月21日,艾森豪威尔发表声明,确认州长正在撤军,欢迎9人毫无阻碍地到中央高中就读,地方律政官员将确保他们的安全。

但即使到了那般地步,事件也未尘埃落定。两天后,可能在法乌博斯的暗中默许下,另一伙有组织的暴民在校园外聚集,规模很大,警察无力控制。这次真的是出于他们自身安全的考虑,9人再一次被送回家。艾森豪威尔撤出了法乌博斯控制的阿肯色州国民警卫队,派出101空降师取而代之,以维护联邦法律。9人在9月25日开始了他们第一天的课程。

然而,在阿肯色州进行种族融合时所面临的合法挑战仍在继续,9人在中央高中的校园里面对令人震惊的敌对情绪:肖像被烧毁,并在持续不断的暴力袭击中被打。布朗进行了报复,因此被开除。尽管9人后来都事业卓著,但只有格林最终坚持到毕业。格林和布朗都从了政,而帕蒂洛则成为新闻记者兼播报员。2009年,9人均受邀参加了奥巴马总统的就职典礼。

筑梦：马丁·路德·金的崛起

马丁·路德·金从种族隔离的南方到《我有一个梦想》的演讲与"为工作与自由向华盛顿进军"，走过了漫长而艰辛的历程。

★★★★

民权运动的历史也是马丁·路德·金的传记。从1955年蒙哥马利公共汽车抵制行动中争取法律平等的民权斗争的发端到1968年标志民权运动转向社会与经济议题的穷人运动，每一次重要的抗议活动金都是领导人。金的《我有一个梦想》的演讲将民权运动斗争及其精神定义为登山宝训①与美国宪法的双重承诺。1968年4月金被谋杀后，民权运动找不到任何领导人来继承金的道德权威和对民众的凝聚力。

然而，马丁·路德·金的传记不仅仅是民权运动的历史。金是一个睿智但麻烦重重的角色——一个牧师的儿子却质疑耶稣，一个有家室的男人却涉嫌通奸。1929年1月15日，金出生在佐治亚州的亚特兰大，原名迈克尔·金。他的父亲，也叫迈克尔·金，是一名浸信会牧师。在小迈克尔两岁的时候，老迈克尔成为亚特兰大主要的黑人教堂埃比尼泽浸信会教堂的领导人。1934年在柏林参加第五届浸信会世界联合会议后，老迈克尔·金将他和儿子的名字改为马丁·路德，以纪念那位新教改革家。

马丁·路德·金沿用了父亲的名字，不仅继承了父亲领导社区事务的献身精神，还继承了争取民权的责任感。马丁·路德·金终其一生都在与《吉姆·克劳法》做斗争。他曾为争取黑人教师同工同酬而斗争，也曾因黑人乘客遭受攻击而抵制亚特兰大的公共汽车系统。他在全国有色人种协进会亚特兰大分部表现突出，并最终走上领导岗位。

> 马丁·路德·金和乔治·华盛顿是仅有的两位生日被确定为国家法定假日的美国人。

① The Sermon on the Mount，天主教思高本作山上圣训，指的是《圣经·马太福音》第五章到第七章里耶稣基督在山上所说的话，其中最著名的是"天国八福"，基督徒视其为言行及生活规范的准则。

我梦想有一天,这个国家会站立起来,真正实现其信条的真谛。

▲ 1963年8月28日,在华盛顿特区,马丁·路德·金发表了《我有一个梦想》的演讲。

还是一个少年的时候,马丁·路德·金就认识到教堂在黑人社区的道德引领作用。他也亲身经历了父亲对种族主义的拒绝。当时父亲带着他坐在一个鞋店里,却被要求移步到后部。老金宁愿走出去也不接受。小马丁听到父亲说:"不管我到底要在这样的体制下生活多久,我决不接受这样的侮辱。"当一个白人警察称呼老金为"男孩"时,牧师侧身转向小马丁并答道:"这是一个男孩儿。我是一个男人。如果你不这么叫我,我就不会答话。"

> 1957年到1968年间,金跋涉600多万英里[①],在2500多个场合发表演讲,写下5部著作。
>
> ① 1英里=1.609344千米。

老金持之以恒要将儿子培养成才。他将马丁送到田间劳动,让他懂得祖先经历的辛苦。老金直到儿子15岁时还会揍他,他期望自己的儿子能跟随自己成为牧师。小马丁是埃比尼泽浸信会教堂儿童唱诗班的成员,他母亲阿尔贝塔是组织者。但小马丁后来承认,他曾深深怀疑基督教义,13岁时,他曾在主日课上否定耶稣的复活。

但小马丁仍有成为牧师的道德冲动,也拥有牧师作为社区领袖的雄辩口才。在高中期间,小马丁曾赢得辩论比赛。他非常聪明,高中四年间跳级两次,15岁就进入历史悠久的黑人莫尔豪斯学院就读。1947年,18岁的小马丁从莫尔豪斯毕业,获得社会学学位,他决定到克罗泽神学院进修,以便担任牧师。

在莫尔豪斯,金曾爱上一位白人学生,但朋友们劝说他不要求婚,因为跨种族的结合将不利于他在南方黑人教堂获得牧师的职位。1953年,在父母房前的草坪上,金与来自阿拉巴马的黑人女孩科丽塔·斯科特举行了结婚仪式。第二年,他获得了阿拉巴马州蒙哥马利的德克斯特大道浸信会教堂的牧师职位。同时,他作为宗教学的博士生在波士顿大学学习。1991年,一项调查认为金的博士论文的主要部分剽窃自另一名学生的论文。

1955年,金担任长达一年之久的蒙哥马利公共汽车抵制行动的领导人,他开始为公众所熟悉。抵制行动跟和平抗议一样,也面临着风险。1956年1月30日夜里,一个不知名的袭击者把一枚炸弹扔进了金住所的门廊里。科丽塔·金和

◀ 老马丁·路德·金博士(1897—1984),一生的民权斗争者。

▲ 民权运动的先驱 A. 菲利普·兰道夫(1889—1979)成为1963年"为工作与自由向华盛顿进军"的领导人之一。

◀ 拉尔夫·阿伯内西(1926—1990),浸信会牧师,金的亲密盟友,南方基督教领袖联合会的共同创始人。

科丽塔·斯科特·金

　　1927年,马丁·路德·金的妻子科丽塔·斯科特出生在阿拉巴马州的马里昂。她父亲的祖母德丽娅·斯科特是助产士,曾是一名奴隶。大萧条时期,斯科特家里的孩子通过摘棉花帮助维持家庭生计。由于马里昂的高中是种族隔离高中,没有受过正式教育的妈妈让斯科特和其他黑人少年到附近的高中读书。她和妹妹成为俄亥俄州安蒂奥克学院的第一批黑人本科毕业生。斯科特学习的是音乐专业,后来参加了争取民权的斗争。

　　1951年,斯科特获得了去波士顿新英格兰音乐学院学习的奖学金。当年冬天,一位双方的朋友介绍她与马丁·路德·金相识。尽管金的父母心有疑虑,但他们还是在1953年结婚了。金获得牧师的职位后,已经怀孕(这是他们4个孩子中的老大)的斯科特,不得不放弃歌唱事业的规划。在蒙哥马利公共汽车抵制行动中,她的丈夫处于民权运动斗争的风口浪尖,她也追随丈夫成了一名斗争者。尽管丈夫不忠,联邦调查局也不断骚扰她,甚至向她邮寄了她丈夫通奸的录像带,但他们的婚姻还是存续下来了。

▲ 金被暗杀后,科丽塔·斯科特·金继续为民权与和平而斗争。

一个朋友在炸弹爆炸前逃出客厅,而金出生不久的女儿尤兰达正在后面的房间里熟睡。

　　1957年,金与其他社会活动领袖,包括阿拉巴马州伯明翰的浸信会牧师弗雷德·舒特尔斯沃思、拉尔夫·阿伯内西,以及阿拉巴马摩拜尔的牧师乔瑟夫·洛瑞,共同创建了南方基督教领袖联合会。

　　金借鉴了一个世纪的非暴力抗议经验,与南方基督教领袖联合会领导层制定了无需违法就可以应对法律的策略,即利用教会的道德权威抗衡政府的法律权威。

　　金在莫尔豪斯读到了19世纪浸信会"社会福音"的支持者沃尔特·劳申布施的思想,即社会问题可以运用基督教原则来解决。最近,他目睹了白人福音派传教士比利·格雷厄姆为道德改革而发起的"十字军东征"。金还熟悉亨利·戴维·梭罗1849年发表的随笔《对公民政府的抵抗》,该文重印后的书名《公民抗命》更为有名。列夫·托尔斯泰借鉴了梭罗和基督教改革家阿丁·巴卢的思想,发展了基督教的"非暴力"理论。托尔斯泰的另一位读者圣雄甘地利用"消极抵抗"使殖民于印度的大英帝国声名狼藉。金也成为这一传统的继承者。

　　然而,金的战略一开始就遭到断然拒绝。1961年12月,南方基督教领袖联合会向佐治亚州奥尔巴尼当地为废除种族隔离而斗争的人提供了支持。当反种族隔离主义者和平地行进到种族隔离区时,警察实施了抓捕。金在缴纳罚金还是入狱之间,选择了入狱,几天之后被释放,福音派传教士比利·格雷厄姆为他缴纳了罚金。但奥尔巴尼的抗议者退缩了,他们与南方基督教领袖联合会及当地的抗争者之间的同盟破裂。

　　在奥尔巴尼的经历教会金,光对抗法律是不够的。像甘地为对抗盐税而斗争一样,南方基督教领袖联合会必须以人群占领公共场所来直面当局,制造一场危机使当局蒙羞,并揭露他们是法律不公的捍卫者。1963年4月,金和南方基督教领袖联合会利用这一思想试图解除阿拉巴马州伯明翰的种族隔离制度。电视镜头记录了伯明翰的行动。警察动用催泪弹、警犬和水炮来对付手无寸铁的平民，其中还有一些是儿童。这样的场面促使美国白人决定是否保留《吉姆·克劳法》，大多数人的回答是"不"。

在伯明翰被捕后，金成了南方基督教领袖联合会的象征。联邦调查局窃听金的谈话并在其同伙中寻找共产主义的同情者。与其竞争的黑人团体如伊斯兰民族①和不久后组建"黑豹党"的分离主义者，提倡针对白人的暴力行为。但金决心将争取公民权利的斗争推向全美国。1963年8月，他成功了，他在"为工作与自由向华盛顿进军"游行后，向黑人占大多数的约25万游行者发表了他的《我有一个梦想》的演讲。一年后，国会通过了1964年《民权法案》。

然而，"为工作与自由向华盛顿进军"大游行不是金的主意，南方基督教领袖联合会也只是组织游行的"六大民权组织"之一。大游行是两位斗争老兵的创见，他们分别是民权领袖联合会（LCCR）的创始人A.菲利普·兰多夫及贝亚德·拉斯廷。1941年，两位社会主义者、甘地"非暴力"思想的仰慕者兰多夫和拉斯廷与荷兰出生的白人教士A. J. 马斯特一同策划了华盛顿的一场大游行，以抗议美军及军需生产中的种族隔离现象。

罗斯福总统已在白宫三度连任，为阻止游行，他下达行政命令，解除军需生产中的种族隔离，但在军中仍未解除。1957年，兰多夫和拉斯廷与金共同组织了"争取自由的祈祷朝圣之旅"，金在华盛顿大约25000名抗议者面前讲了话。率先使用"祈祷抗议"的兰多夫还指示拉斯廷在非暴力策略上指导金。如果说1963年3月"为工作与自由向华盛顿进军"大游行实现了兰多夫和拉斯廷的大规模抗议的梦想，那么金在华盛顿国家广场的演讲则实现了抗议的意义。在国家舞台上出现的一位具有超凡魅力的演讲者，融合了道德的庄重和情感的强度，可以打动大多数白人的心灵与良知。

---

① The Nation of Islam，又译"伊斯兰国度"，1930年成立于底特律，是非洲裔美国人的伊斯兰主义新宗教运动组织。

贝亚德·拉斯廷：被遗忘的英雄

1912年，贝亚德·拉斯廷出生于宾夕法尼亚，后来成长为一名贵格会基督徒，他一生都在为民权奋斗，也是"为工作与自由向华盛顿进军"的组织者。然而，他善变的政治观点和同性恋身份使得民权领袖们对他敬而远之。

20世纪30年代晚期，拉斯廷开始积极投身民权运动，当时他在纽约城的一家夜店做歌手，也是共产党的一名活跃成员。第二次世界大战期间，他成为一名出于良心而拒服兵役者及美国社会党党员。1941年，他与A. 菲利普·兰多夫和A. J. 马斯特在华盛顿策划了一次反种族隔离的大游行。1942年，也就是蒙哥马利公共汽车抵制行动的13年前，拉斯廷因拒绝移到公共汽车后部被捕，并在肯塔基州路易斯维尔遭到警察殴打。

1947年，拉斯廷参加了第一次自由乘车者行动，有组织地打断城际公交的运行。1948年，他前往印度学习甘地的非暴力策略。1956年，拉斯廷说服马丁·路德·金放弃了自己的武装保镖。

拉斯廷在新保守主义和争取同性恋权利的斗争中终结了漫长的政治旅程，这也使他被排挤在黑人主流政治之外。他去世于1987年，并于2013年获得"逝者的总统自由勋章"。

▲ 1963年8月28日，贝亚德·拉斯廷（左）和劳工组织者克利夫兰·鲁滨逊。

▲ 1963年12月,约翰逊总统在白宫会见了金。

在民权运动斗争中,金入狱29次,其中包括一次在限速25英里的区域以30英里的速度驾驶。

非暴力抗议的力量

在面对令人生畏的残暴和仇恨时，
美国民权运动采取非暴力消极抵抗的方式打破了
种族隔离的社会壁垒。

★★★★

"仇恨衍生仇恨，暴力引发暴力，强硬制造更大的强硬。我们必须用爱的力量融合仇恨的力量……我们的目标绝不能是击败或侮辱白人，而是要赢得他的友谊和谅解。"这些振聋发聩的话语出自马丁·路德·金博士，是对美国大多数民权运动抗争者意愿的总结。也就是说，他们追求平等的目标将以非暴力和平抗议来实现，与之前延宕了几个世纪针对黑人社区的暴力和仇恨形成鲜明的对比。该运动最高的成就之一就是有效地推动了这些理想的实现，使整个国家真正地发生了改变，没有像过去那样引发愤怒的对抗。

"爱你的邻居"是金一直铭记的《圣经》经文。他和其他的社会活动家都认为爱是可以赢得平等、终结种族主义、废除全美种族隔离法律的力量。在他们心中，爱不一定是肤浅的情感羁绊，而是用之不竭的强大力量。

20世纪已经揭示了人类在战争中是多么孔武有力，人类通过残酷镇压的手段，将暴力倾向在大量战争、种族灭绝和民众间的不平等中暴露无遗。相反，和平非暴力的抗议活动也在增加，这些抗议活动试图在不制造流血事件的情况下实现积极的改变。在美国民权运动中，非暴力抗议起源于金的教义和行动。

金的非暴力哲学所受的最大影响并非出自美国的现实，而是来自地球另一端的行动。莫罕达斯·甘地是引领印度从大英帝国独立出来的背后推手，他用非暴力抗议的手段反抗压迫，为印度人民争取了自由。用金自己的话说，在为美国黑人争取民权的斗争中，甘地是对他行动影响最大的人。在为成为牧师而进修的时候，金就听说过甘地的行动，

> 1961年5月到12月共发生十几次跨州的自由乘车行动。

▲ 一辆被烧毁的自由乘车者乘坐的公共汽车。这些跨州旅行的乘客成为被袭击的目标。

在听到一位老教授跟他谈起刚从印度回来的经历之后，他深受那位印度社会活动家的思想的影响。金没有想到他对甘地行动的兴趣会在他的生活中得到实际应用，更没想到这会在民权运动期间形成他的理想和行动的核心。

主要的非暴力抵抗的践行者开始公开分享、宣讲他们的哲学。甘地和列夫·托尔斯泰一脉相承，美国民权运动一起步，金就开始把自己的思想与他们的思想融合在一起。1959年，金前往印度进一步学习他们是如何开展独立运动的。返回后，他"比过去更确信非暴力抵抗是被压迫人民争取正义和尊严斗争中最有潜力的武器"。

民权运动已经在蒙哥马利公共汽车抵制行动中成功地运用了非暴力抗议手段，结果表明这种消极抗议方式是有效的。金和其他运动领导人用爱来抵消仇恨，努力消除与种族隔离伴生的根深蒂固的种族主义、不平等和种族歧视。实施多年的《吉姆·克劳法》表明，那些支持种族隔离的人将竭尽全力维持现状并控制黑人。

抵抗的目标是终结种族隔离，达成目标的方式之一是确保将南方黑人社区遭受暴力侵害的漫长历史公之于世。在公共汽车抵制行动成功之后，诞生了两个新组织，即学生非暴力协调委员会（SNCC）和种族平等大会（CORE）。1960年4月，这两个组织受到金赞助的一次大会的启发而组建，主要由学生构成。他们希望利用蒙哥马利行动的强劲势头将民权运动推向全国。学生们正在寻求既不危害民权运动事业又能对人们的生活产生直接影响的行动方式。

1960年2月2日，4名大学生在北卡罗来纳州格林斯伯勒发起的静坐运动登上全国头条。在午餐高峰时段，4名学生在午餐柜台前的白人座位专区坐下,但被拒绝提供服务。他们没有离开,而是安静地等待服务。示威者想找一个可以依据肤色将人们单独分开的地方,于是特意选择了全国知名的店铺沃尔沃尔斯连锁店。他们想曝光店家的伪善,因为店家在他们购买学生午餐时接受了他们的钱却不允许他们坐在午餐柜台前。

因此而知名的"格林斯伯勒静坐四人组"郑重宣称将继续抗议,继续以更大的规模抗议。越来越多的志愿者加入其中,他们轮班行动,整日待在柜台前,只是在等待服务。这些行为常常使这些静坐的男女成为被滥暴的对象,他们被大吼大叫,被食物或饮料攻击,他们遭受威胁、殴打甚至被强行带走。抗议者常常会被捕,却从不生气。当他们被架出去时,一群新的抗议者就会接替他们的行动。

> 1964 年,很多《吉姆·克劳法》在《民权法案》签署后撤销。

当媒体听到示威者抗议的风声时,示威者已经迅速遍及南方,潮水般占据54座城市的午餐柜台。抗议开始的6个月后,店家撤销了种族隔离柜台,允许各肤色的人群毫无障碍地自由就餐。这些抗议的目标是突显种族不平等,冲击店家的业务。如果店家的座位上坐满抗议者,那么这家店午餐客流高峰期的收入将大幅减少。这种简单消极的抗议方式极为有效,使全国人民看清了美国种族隔离主义者的丑恶嘴脸。

尽管有人认为静坐示威后的"自由乘车者"行动很幼稚,但仍在20世纪60年代初吸引了公众的注意,是非暴力抗议活动的一种代表形式。该行动由种族平等大会(CORE)组织发起,其参与者由黑人和白人积极行动者组成。他们的

▲ 金博士与妻子和印度总理贾瓦哈拉尔·尼赫鲁会面。1959年印度之行后,他确信了非暴力抗议的力量。

▲ 在阿拉巴马州的伯明翰，自由乘车者遭到一伙暴民袭击。这一画面"举世瞩目"，遭到广泛谴责。

目的很简单——分组从华盛顿特区乘公共汽车去深南部，定期在途中打破严苛的种族隔离禁令。他们就是要引起公众对这些法律的注意，揭露并展示那些仍在执行《吉姆·克劳法》的城镇。他们拟定了为期两周的穿越南方旅行时间表，预计在历史性的"布朗诉托皮卡教育局案"一周年的纪念日即1961年5月17日到达新奥尔良。这个行动充满争议，甚至有些民权运动成员也认为该行动对抗性太强。南方的种族隔离是活生生的现实，内战后的南方文化就是在此基础上形成的。自由乘车者很有可能在赶往新奥尔良的途中被捕、被袭击，甚至被杀害。

"自由乘车者"的行进路线是由一位叫艾琳·摩根的女性设计的。在20世纪40年代，就像10年后罗莎·帕克斯在蒙哥马利对抗市内公共汽车种族隔离制度一样，摩根在跨州公共汽车上成功地对抗了种族隔离制度。糟糕的是，南方各州推翻联邦法律，通过自己现存的法律实施种族隔离。不过，自由乘车者并非未经指导就被派遣进来，他们已在华盛顿特区接受了有关如何对抗以及如何应对不可避免的暴力的培训。金甚至提醒他们三K党正在为阿拉巴马州的公共汽车策划一个"迎接"委员会，敦促他们停止行动。进入阿拉巴马州的公共汽车遭到刁难，被迫停车并遭受袭击，其中一辆车被纵火。当地警察部队和联邦调查局对三K党针对自由乘车者的有预谋攻击视而不见。在没有警察干预的15分钟时间里，三K党大打出手，随之而来的令人作呕的大规模斗殴照片在世界各地广泛传播。自由乘车者也因此达到了目的：他们只是坐个公共汽车就差点儿被

民主党的主要票源在南方,他们起初并不愿发声反对种族隔离制度。

▲ 美国总检察长罗伯特·肯尼迪因在其任期内倡导民权运动而被铭记。

> **只因乘坐了公共汽车，他们差点儿被成群的当地暴民杀害。**

成群的暴民打死，这令标榜自由民主的美国在世界舞台上十分尴尬。即便如此，由于公共汽车司机拒绝再搭载他们，也使自由乘车者陷入困境。在机场激烈僵持之后，政府被迫出动飞机将被打得鼻青脸肿的自由乘车者送往新奥尔良。

下一轮的自由乘车者行动是代表非暴力抗议的最佳案例之一。第二波自由乘车者行动选取了从纳什维尔到伯明翰的路线，他们认为，如果乘车行动现在被阻止，将证明种族隔离得到了凶残的暴力支持。这次的参与者明白，他们已将自己置于危险之中，在出发前的晚上甚至写下了遗书。到了5月17日，肯塔基当局迫于压力，为自由乘车者提供全面的警力保护，他们要尽快缓和上次世界反对声浪造成的不利局面。因此，像在伯明翰一样的乘车者与三K党的紧张局势并没有很快出现。但是当公共汽车到达蒙哥马利时，警察消失了，自由乘车者与同行的旅客再次遭到令人发指的攻击。

金再一次对"自由乘车者"行动进行了干预，这次他要求为保护乘车者而组织起来的一伙全副武装的黑人出租车司机撤出对抗，以免局势进一步升级。"自由乘车者"们完全献身于非暴力抗议活动，甚至直面生死，展现了勇敢与担当。他们的行动开始得到全国的关注。密西西比州州长和阿

> 伊斯兰民族是一个呼吁单独建立一个黑人美国的组织，马尔科姆·X曾是其中的一名成员。

未雨绸缪

用和平主义面对攻击，培训似乎有点儿画蛇添足，但民权运动还是为积极参与者提供了两种非暴力训练。一个是思辨训练，其目的是建立面对暴力时的心态与心理反应机制；另一个是实战训练，是为示威者提供一些组织和领导示威活动的实用建议。训练也涵盖了如何回应身体攻击的基本知识，以保护自己免受重伤甚至死亡。可见，作为积极行动者，特别是自由乘车者，他们可能会被拳脚相加，被扇耳光，被碾压或者被刺伤。

训练课以角色扮演的形式完成，课上参与者可能在一个可控的环境中体验到被羞辱、威胁或者攻击。训练有助于在不同群组的社会活动家之间建立深厚的友情。训练过程很严谨，但很多参与者以为自己绝不会用到这些手段。第一批自由乘车者行动的志愿者认为不必进行身体训练，但他们很快发现，前往南方的旅途中每天都要应用这些重要的知识。

首要的一点是，训练课的参与者对民权运动事业要拥有认真、坚定的态度，人们认为，面对攻击时，保持冷静与自信是最好的防御。随着训练的进行，纪律变得井井有条。训练目的是建立一条组织严密、坚不可摧的战线，可以消化暴力，一往无前地继续抗议，使对手的威力失去效力。

▲ 一个准备参加静坐示威的人正在接受耐力训练，周围的人正在向他脸上喷云吐雾。

▲ 多年和平抗争之后，1964年民权运动使《民权法案》得以签署，多部《吉姆·克劳法》被废除。

拉巴马州州长的态度缓和下来，他们仍将派州警察及国家警卫队保护"自由乘车者"，但"自由乘车者"必须同意：一到公共汽车站点就要因违反种族隔离法而被逮捕。一时间当地监狱人满为患，肯尼迪总统呼吁建立一段"冷静"期。但"自由乘车者"无视这一请求，继续行动，结果所到之处他们遭遇了同样的仇恨和暴力。1961年11月，第一批乘车者从华盛顿特区出发6个月后，美国所有汽车站都撤销了种族隔离法律，包括隔离的卫生间与候车室等设施，在州际公共汽车和火车上可以放心地选择任何一处座位。自由乘车行动原计划是14天的旅程，但延续了数月，得到了全世界媒体的关注，暴力行为不断遭到谴责。"自由乘车者"极其有效地向世界揭露了美国肆意蔓延的不平等问题，展现了和平非暴力的力量。

在各种环境下都采取和平主义和"爱你的邻居"的政策并不为所有民权运动成员和黑人社区所接受。一些领导人认为，采取非暴力抗议形式就是因为反对的力量太过强大。黑人社区无法与当地警察针锋相对，在与三K党之类的仇恨集团对抗时也无法占据上风。像马尔科姆·X这样的社区领导人认为金的和平主义使黑人在白人的攻击面前如待宰的羔羊。他甚至用一个当前的流行词"汤姆叔叔"来称

> 金和马尔科姆·X都被暗杀了，金是被白人至上主义者暗杀的，后者是被伊斯兰民族成员暗杀的。

▲ 金与马尔科姆·X也许观点不同，但他们都是激情四射、忠诚坚定的社会活动家。

呼金，这个老式的贬损词往往用来形容一个黑人站在他们的白人对立派一边反对其他黑人。马尔科姆·X和其他领导人认为应该用更为暴力的方式去与种族隔离制度斗争。他们无法理解非暴力观点，因为当时黑人社区非常频繁地成为种族歧视与政府默许的暴力攻击的目标。虽然马尔科姆·X措辞强硬，但有一派思潮认为像他这样的领导人煽动或包庇暴力行为是为了进一步突显和平抗议。面对马尔科姆·X和黑豹党这样的非主流组织，种族隔离主义者会更愿意与像金博士这样的温和派合作。

黑人社区成为当局和三K党这样的极端组织针对的目标，他们要依靠自己的力量保护自己，这种需求衍生出了像防御与公义执事会这样的组织。该组织于1964年成立，主要由"二战"老兵构成，他们是为保卫家园及民权积极行动者的住所提供全副武装的卫兵。他们是民权运动中第一支知名的自我防御力量，其诞生是出于对非暴力的多数派的怀疑，后者对于其行动要么保持沉默，要么直言反对。尽管遭到两方阵营的对抗，执事会还是有效地牵制了三K党的行动，遏制了他们对黑人社区的暴力活动，为1966年田纳西州与密西西比州的反恐惧大游行提供了安全保障。其他社区也发现展示武力或暴力威胁足以停止三K党的攻击并保护自己的家园。民权运动包含了一系列连贯的思想和观点，但主要还是集中在非暴力行动上。这些行动被视作法律和社会层面最积极的变化。爱，虽然没有结束为争取平等进行的抗争，但爱、勇气和决心显然能够战胜仇恨和暴力。

> 约翰·刘易斯是第一批13名自由乘车者之一，1986年当选美国参议院议员。

战胜仇恨的爱

马丁·路德·金和整个民权运动组织都受到了其他国际和平抗议及其领导人的影响。坦率地说，金博士是受了印度和平社会活动家莫罕达斯·甘地及俄国精神先驱、作家托尔斯泰著作的影响，他认同他们的观点。当甘地被派驻南非的时候，与托尔斯泰通过一系列书信探讨非暴力抗议的本质，后来他征得托尔斯泰的同意将其中的一封信刊登在当地报纸上。这封被称作"致一个印度人的信"，开启了他们充满激情的通信往来，直到托尔斯泰去世。在这些信中，他们讨论了暴力对人类的精神世界来说多么不和谐，主张回归人类最自然的状态——爱。上述三人，特别是甘地和金认为，爱是终结压迫的驱动因素，也是消弭暴力的唯一答案。甘地和金都赞同用爱来迎接暴力和仇恨并不是示弱而是展现力量，爱并非指向情感，而是用之不竭的强大力量。金接受了托尔斯泰和甘地的思想，他说："最佳的力量是满足正义要求的爱，而最佳的正义则是纠正一切与爱背道而驰的力量。"他试图打破他所见的遏阻爱与力量相结合的藩篱。

▲ 甘地从约翰内斯堡的住所寄给托尔斯泰的一封信。

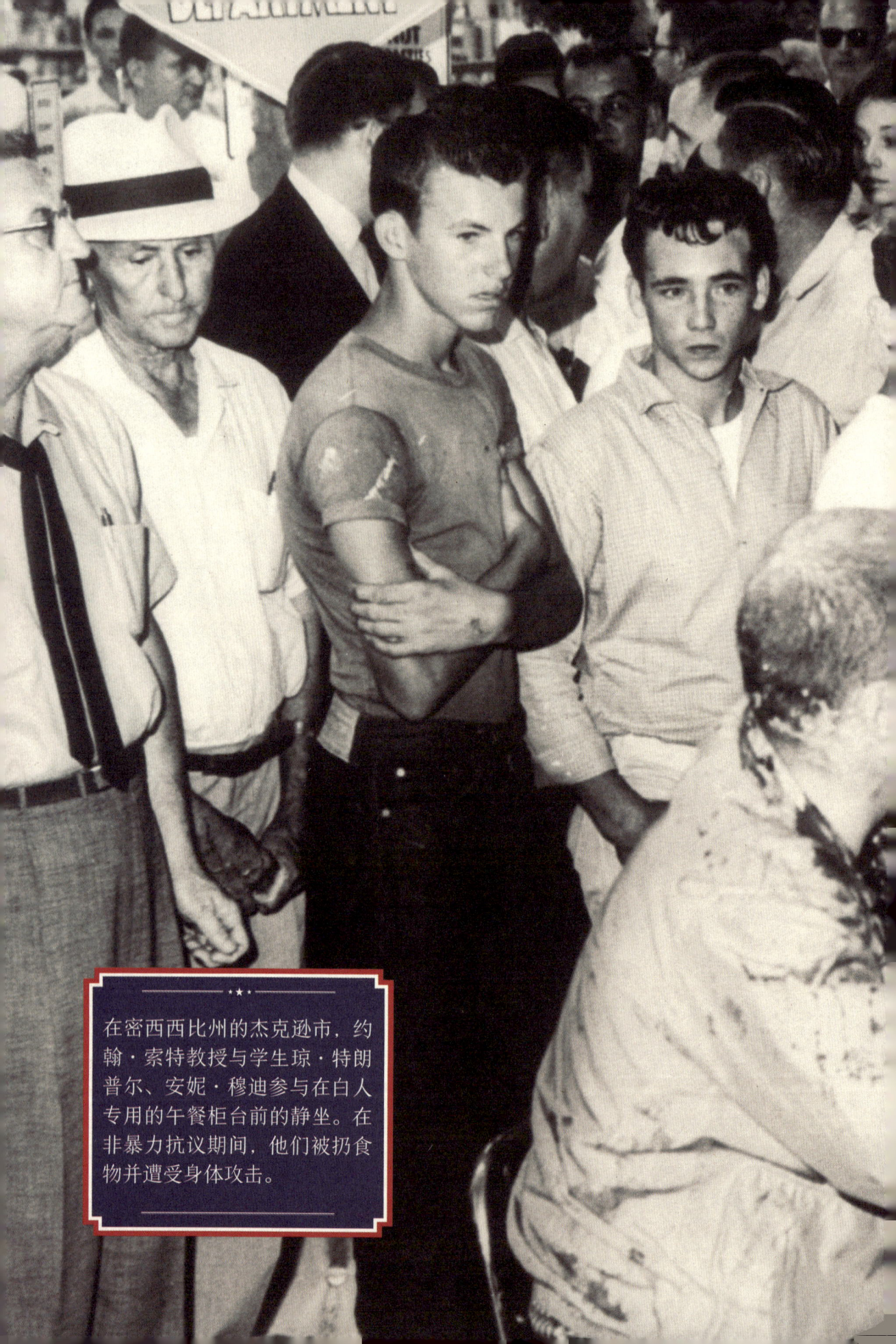

在密西西比州的杰克逊市,约翰·索特教授与学生琼·特朗普尔、安妮·穆迪参与在白人专用的午餐柜台前的静坐。在非暴力抗议期间,他们被扔食物并遭受身体攻击。

改变美国的运动

在大部分实施种族隔离的美国城市,民权运动遭遇着绝不妥协的对抗。这种对抗将一直伴随着民权运动。

★★★★

市政府顽固地坚守着种族隔离政策。

在伯明翰运动以前，民权运动面对黑人的冷漠和白人的不理不睬已开始无所适从。1961年后期到1962年间的奥尔巴尼运动，面对同样小心翼翼采取非暴力原则的警察时，基本上宣告失败。但是，伯明翰运动之后，曾经被人们普遍忽略的地区抗议活动引起了全国和全世界的关注，是阿拉巴马州的伯明翰市改变了一切。

1963年，伯明翰是美国实施种族隔离程度最高的城市之一。尽管人口中40%是黑人，但没有人受雇于百货商店，也没有人是公共汽车司机，更没有人在消防队或警察部队工作。在黑人社区以外，可供选择的工作只有体力劳动或者做家仆。市中心的商业区也严格实施种族隔离，有

"白人专属"柜台和卫生间，电影院有隔离黑人的区域，等等。市政府顽固地坚持种族隔离制度：如果法庭驳回公园实施种族隔离的要求，市政府当局就关闭这个公园。

正是在这样的背景之下，1953年至1961年在柏瑟尔浸信会教堂担任牧师的舒特尔斯沃思牧师组织了对当地种族隔离商家的抵制，他促请南方基督教领袖联合会来到伯明翰协助他。舒特尔斯沃思说："如果伯明翰取得胜利，全国也会像伯明翰一样获胜。"

▲ 1963年4月6日，黑人抗议者跪在阿拉巴马州伯明翰市市政厅前，几分钟后因未获许可游行被逮捕。

1963年4月3日，联合抵制运动发起，参与者在市中心白人专属的午餐柜台前静坐。马丁·路德·金和南方基督教领袖联合会从过去的错误中汲取教训，缩小了斗争目标，即不是全面解除整个城市的种族隔离，而是在市中心商业区实施经济抵制与非暴力抗议，以期当地的商家能说服市政府改变他们对解除种族隔离的反对。因此，他们组织了一场针对市中心商家的经济抵制，结果一些商家开始取下"白人专属"的提示牌。但是，市政府特别是公共安全专员尤金·"公牛"康纳做出反击，他削减了一个食品项目，并警告解除种族隔离的商家，他们的经营许可证将被吊销。

南方基督教领导会议明白，这场运动需要赢得全国的支持，他们确信"公牛"康纳就是可以使他们受到关注的那个人。康纳是一个坚定的种族隔离主义者，是个对抗中绝不让步的家伙。1961年，当三K党痛殴自由乘车者的时候，康纳就确保施暴者逃跑前警察不会到达。正如他对媒体所说："在伯明翰我们不会支持这样的抗议活动，只要必要，我们就把监狱塞满，我们可不管会得罪谁。"

那正是金和南方基督教领袖联合会所期待的。他们在非暴力抗议中增加了游行、在种族隔离教堂前的长跪以及在图书馆和午餐柜台前的静坐等，这些方式的目的是将监狱塞满抗议者，政府机构陷入停顿。但当地的大部分黑人社区很冷漠，部分当地黑人领导层公开表示敌意，他们坚信只有康纳按期退休，运动才可能重燃激情。

4月10日，市政府收到法庭反对抗议者的判决，开始逮捕抗议者。抗议领导人决定抗命，但

狱中来信

马丁·路德·金在监狱被单独监禁期间，读到4月12日的一份报纸，上面有一份8位白人教士发出的题为"呼吁大家团结起来"的公开信，批评抗议活动"受到了外部势力的指引和领导"。金草拟了一份回复，一开始写在报纸边缘的空白处，后来写在一些碎纸片上，最终在律师提供的便笺上完成。这份回复，后来被称为《伯明翰狱中来信》，试图阐明面对肆虐的不平等现象进行非暴力抗议的原则与行动——这是金对驱动他的信念并运用这些信念进行的篇幅最长、最持久的探索。为了回应"他作为局外人却在伯明翰制造麻烦"的指控，金写道，他受邀参加抗议活动，"任何地方的不公正都会威胁到各地的正义。我们不可避免地处于相互联系的网络中，维系在同一件命运外衣之下。任何直接影响一个人的事物，都会间接影响所有人"。为了回应"他是极端主义者"的指控，金指出，耶稣本人曾被视为极端主义者。"所以问题不是我们是否会成为极端主义者，而是我们将成为什么样的极端主义者。我们是为仇恨还是为爱成为极端主义者？"金的同事们一起编辑了这封偷运出来的信，1963年5月19日在《纽约邮报（周日版）》发表。

▲ 一间重建的牢房，金曾在这里写下《伯明翰狱中来信》。

学生们已经做好准备并愿意承担非暴力抗议的一切后果。

他们极度缺少资金来保释被捕的抗议者。一些领导人建议马丁·路德·金作为抗争的主要募捐人应该离开伯明翰，巡回全国募集资金，以便支付保释金，使被捕者得以释放。在自己房间里独自做完祈祷后，金说："我不知道下一步会如何，我也不知道钱从哪里来，但我必须采取坚决的行动。"

4月12日是圣周五（即耶稣受难日），金因领导了一场抗议活动而被捕，被关在一间单人牢房中，一直到4月29日。他在监狱里写下了著名的《伯明翰狱中来信》。马丁·路德·金这次被捕入狱（第13次）引起了全国的关注，甚至连总统约翰·肯尼迪也开始关注他。但为了保持关注度，南方基督教领袖联合会继续向市政府增压。最后，他们决定铤而走险，推出运动中最无辜的成员作为非暴力抗议的代言人，即发动青少年大游行。

南方基督教领袖联合会的一位领导人詹姆斯·贝弗尔提出了这一建议，金犹豫许久之后才拍板同意。许多当地黑人家庭认为，如果参加抗议活动，养家糊口的成年人就有可能被捕入狱，由此造成的经济后果令人担忧。但是，贝弗尔对当地学生充满信心。他为当地学生举办讲习班，教他们如何在实战中克服对警犬的恐惧，他认为

> 金被捕的时候，妻子科丽塔刚生下他们的第四个孩子伯尼丝。

◀ "公牛"康纳弄巧成拙，对于推动黑人民权运动的进步，他比大多数人都"卖力"。

▼ 非洲裔美国青少年在反种族隔离抗议中遭到警犬、水炮的攻击。

▲ 透过窗口的栏杆望进去，非洲裔美国人抗议者在伯明翰监狱的抗议中唱歌祈祷。

▼ 5月11日，种族隔离主义者在金和南方基督教领袖联合会的其他领导人下榻的汽车旅馆实施了炸弹袭击。

金在狱中给妻子打电话时担心被窃听，说话很小心。确实，他已被窃听。

▲ 4月12日马丁·路德·金被捕后拍摄的照片。

他们已经准备好并愿意承担非暴力抗议活动产生的后果。不久，这些学生将面对真正的恐惧。

5月2日，1000多名年轻黑人聚集在第十六街浸信会教堂前，以"儿童十字军"之名开始游行，前往伯明翰市中心反抗市政府和法庭的禁令。抗议的规模令"公牛"康纳猝不及防，他下令警察大规模抓捕，600多人被投入监狱。伯明翰的监狱正超负荷运行。

此时，全国媒体齐集伯明翰来报道这一特别事件。一个头脑更冷静的人可能已经注意到了这一点，但这个人不是康纳。第二天，又有1000名年轻人朝市中心行进，康纳下令将水炮对准游行者。这些高压水管足以将人冲飞，甚至冲得皮开肉绽。当旁观者大声疾呼反对这些做法时，康纳下令派出警犬。严阵以待的摄影师捕捉到了德国牧羊犬攻击年轻黑人的冲击性画面，那些年轻人真正反映了非暴力的原则，他们没有动手保护自己。记者们也向全国的新闻界连线报道了这场骚乱，伯明翰登上新闻头条。

看到孩子们受到如此对待，当地的黑人社区聚集起来，在接下来的一周继续抗议，直到监狱人满为患，连游乐场也变成了拘留所。伯明翰市中心的商业活动彻底陷入停顿。5月8日，商业领袖们同意废除种族隔离。5月10日，当局最终妥协，同意取消种族隔离的厕所、饮水处和午餐柜台，释放关押在监狱里的示威者，计划增加黑人就业机会。

冥顽不化的种族隔离主义者的反应是暴力的，他们企图用炸弹炸死金和南方基督教领袖联合会的领导层。实际上，市政府履行该协议时也是磨磨蹭蹭。但是伯明翰运动已经成功地使肯尼迪总统确信，公民权利不能再放任于各州的层面。1963年6月11日，总统呼吁立法保护每个美国人的权利，无论其种族如何或宗教信仰如何。这次立法将成就1964年《民权法案》，该法案规定种族歧视违法，是具有里程碑意义的立法。1964年7月2日，林登·约翰逊总统将其签署生效，伯明翰运动取得了胜利。

标志性照片的出炉

1963年5月4日，伯明翰抗议活动最具标志性的照片横跨了《纽约时报》首页的三个栏目，显示一名年轻的黑人小伙子正被一只凶恶的警犬撕咬，而此时警察抓住了他。这个男孩态度冷静淡漠，似乎体现了非暴力抗议的思想境界。这就是照片显示的内容，但事实证明，这张照片表现的事实并非如图所示。照片中的男孩沃尔特·盖泽登甚至未参加抗议，他只是逃课想看个究竟。而且，盖泽登接受采访时说，不是警官攻击他，是他试图把警犬拉过来。当盖泽登的父母第二天看到照片时，得知他们的儿子逃课了，大为震惊。不管怎样，盖泽登还是被捕了。比尔·哈德森拍摄的这张照片使盖泽登在不知情的情况下成了伯明翰运动的代言人。

▲ 伯明翰的标志性照片背后的真相并非如此。

按照城市公共安全专员"公牛"康纳的命令,消防员在伯明翰运动期间打开消防水管向一群年轻的民权抗议者喷射。

我有一个梦想

92　《我有一个梦想》	118　密西西比的种族主义和谋杀案
104　罹难的四个小女孩	122　争取投票权的长途游行
108　约翰·肯尼迪与马丁·路德·金	131　王者之殇

历史的瞬间
1963—1968

1963 年 11 月 22 日

肯尼迪总统遇刺

1963年11月，约翰·肯尼迪迅速成为有史以来最进步的总统之一。在前往达拉斯的死亡之旅前的几个月中，肯尼迪向全国发表了著名的民权演讲，并开始秘密推动《民权法案》的立法。他的演讲从法理角度将争取平等权利的斗争转变为美国义不容辞的道德使命。肯尼迪总统个人表示全力支持，民权运动终于获得了切实的动力。

因此，当美国前海军陆战队员李·哈维·奥斯瓦尔德在中午12点30分向总统车队开枪时，他在民权运动、全国乃至全世界范围内引发了冲击波。枪击事件的新闻传开，举国震惊，随后肯尼迪在抵达附近医院后死亡的消息成为头条新闻。一时间交通停滞，学校停课，每个美国人都跑到他们能找到的广播或电视旁。就像之前发生的珍珠港袭击和数十年后的"9·11"灾难一样，肯尼迪的谋杀案成为美国历史上的一个热点。

两天后奥斯瓦尔德本人被一击毙命，但这并不能阻止总统遇刺对民权运动产生的巨大影响。肯尼迪的继任者林登·约翰逊比肯尼迪更加致力

● 1963年9月10日
阿拉巴马州伯明翰市学校种族融合
1963年9月，全美国144个校区开始缓慢解除种族隔离行动。但并非每个州都心甘情愿。阿拉巴马州州长乔治·华莱士曾下令巡警封锁伯明翰学校的校门，阻挡黑人学生入校。联邦政府必须从中协调，解除种族隔离的行动才能最终开启。

● 1964年
《民权法案》
1963年11月肯尼迪总统遇刺后，民权运动的领导人担心争取平等权利的抗争因此而脱轨。但肯尼迪总统令人震惊的离世以及继任总统林登·约翰逊的支持使得《民权法案》在1964年夏天生效，成为美国新法律的一部分。

● 1964年10月14日
马丁·路德·金获得诺贝尔和平奖
1964年，"为工作与自由向华盛顿进军"及发表《我有一个梦想》的标志性演讲一年多以后，马丁·路德·金获得诺贝尔和平奖，该奖表彰他以非暴力的努力为非洲裔美国人争得了公民权利。该奖项与《民权法案》同年而至，有助于增强马丁·路德·金不断上升的公众形象。

肯尼迪总统血染的粉色西装保存在国家档案馆，将至少展出至 2103 年。

根源

1963年6月11日
肯尼迪总统的民权讲话

1963年8月28日
为工作与自由向华盛顿进军

1963年8月28日
马丁·路德·金发表《我有一个梦想》的演讲

▲ 虽然暗杀笃定是阴谋论，但调查表明李·哈维·奥斯瓦尔德是独狼行动。

于推动这一法案，尽管他不像肯尼迪那样善于与国会打交道，但他确保将新法律纳入宪法。刺杀本来可以使争取民权的斗争脱轨，但肯尼迪令人震惊的离世却使这场运动更为坚定地朝着非洲裔美国人真正获得平等权利的目标迈进了一步。

影响

1964年7月2日
《民权法案》生效

1965年2月21日
马尔科姆·X被暗杀

1968年4月4日
马丁·路德·金被暗杀

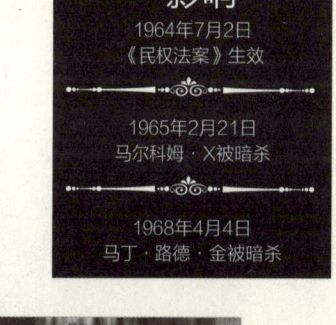

1965年
《投票权法案》
1964年里程碑式的《民权法案》生效后，又签署了很多法案，其中《投票权法案》最终消除了选举体制的种族歧视问题。这部新法案旨在增强并拓展《宪法第14修正案》及《宪法第15修正案》，确保国家的少数族群在正式投票中拥有合法的投票权。

1968年4月3日
马丁·路德·金的"顶峰"演讲
在他于一家汽车旅馆被枪杀前的一天，马丁·路德·金登上了田纳西州孟菲斯的集会舞台，发表了不朽的演讲，即如今为人所熟知的《我已登上了顶峰》。该演讲主要针对孟菲斯环卫工人罢工，表达了团结与合作的必要性。

1968年
《公平住房法案》
就在非暴力民权运动领导人马丁·路德·金令人震惊地被暗杀一周后，林登·翰逊总统尽力在国会通过了《公平住房法案》。就像《民权法案》与《投票权法案》一样，这项立法有助于保护少数族群出售、租赁和拥有住房的合法权益。

《我有一个梦想》

探究美国历史上最具代表性的一篇演讲背后的血水、汗水与泪水。

我们都知道，马丁·路德·金是非暴力抗议中的一位牧师，他曾在聚集于华盛顿特区的数十万人面前发表过这样的讲话："今天，我很高兴同大家一起参加这场集会，这将成为我国历史上为争取自由而举行的最伟大的示威集会。"1963年8月28日，他满怀自信地发表了演讲，没有人真正明白他的作用有多么巨大。他的演讲分享了他标志性的伟大梦想，他的话语犹言在耳，也终将变为现实。

当天的行动，即众所周知的"为工作与自由向华盛顿进军"自1962年12月便开始筹划，从最初只关注黑人的失业问题迅速拓展到包含种族隔离与种族歧视的广泛议题，很快，强烈表达种族平等观念的演讲、歌曲和祈祷等环节便确定下来。"为工作与自由向华盛顿进军"的代名词、彪炳黑人史册的马丁·路德·金博士也是演讲者之一。

行动提前开始了。关于大游行的宣传广泛传播，早上8点首批21列火车包厢到达首都，随后2000多辆公共汽车及10架飞机到达，但所有这

▲ 金正在向25万人发表演讲。

> 金是一个经历过死亡威胁、炸弹恐吓、多次被捕、多次被判监禁的人。

些都在常规定点公共交通班次之外。每5分钟就有大约1000名黑人和白人涌向林肯纪念堂，其中也包括大批社会名流，使此次游行格外引人瞩目。查尔顿·赫斯顿和伯特·兰开斯特与示威者同行，马龙·白兰度也在其中，他们挥舞着象征警察暴力的赶牛用的电鞭。很快演讲者便开始准备向25万名参与者发表演讲，参与者的人数大大超出预计的10万人。

不断增加的人群充满了希望和乐观，但不安的暗流也在人群中漫延开来。全国其他地区不断发生暴力的民权抗议，肯尼迪总统担心游行造成动荡的社会氛围，一直不愿让游行继续进行。尽

非洲裔美国人争取民权的漫长历程

● **1619年**
第一批有记载的奴隶
当年记录了在刚刚起步的英属美洲殖民地运进非洲奴隶的第一个实例。

● **1712年**
纽约奴隶起义
一个23名非洲奴隶组成的团伙杀死9名白人。有70多名黑人被捕，21名黑人随后被执行死刑。起义平息之后，制定了更为严苛的管控黑人的法律。

● **1780年**
少数人的胜利
在新成立的美利坚合众国，宾夕法尼亚州成为第一个立法废除奴隶制度的州。

● **1790年—1810年**
解放奴隶
美国独立后，上南方的奴隶主解放了自己的奴隶，自由黑人的比例从1%提升到10%。

● **1863年**
《解放奴隶宣言》
亚伯拉罕·林肯宣布10个蓄奴州约310万黑人奴隶获得解放。

● **1865年**
《黑人法令》
南方最臭名昭著的《黑人法令》在全美通过，这部法令限制了黑人的自由，将黑人局限在低收入的体力劳动中。

管组织者承诺和平抗议，但五角大楼已经在郊区部署了数千名士兵，还有近6000名警察在该地区巡逻。全市禁止销售酒类，禁止医院储存血浆并取消可择期的手术，将囚犯转移到其他地区。许多人认为，为应对公民抗命而采取的这些措施是美国历史上最大规模的游行的必然结果。

很多游行参与者虽然担心自身的安危，但仍在炎热的8月天来到现场，因为他们认为，国家各个层面正在被种族问题撕裂，这对他们的国家来说无比关键。帕特里克·H.巴斯在他的著作《如强劲的溪流》中介绍，示威者约翰·马歇尔·乞力马扎罗从北卡罗莱纳州的格林斯伯勒前来参加大游行，他认为很多参加游行的人都感到害怕。"我们不知道将面临什么，因为没有先例。我前面坐着的是一位身穿白衬衫的黑人牧师，我们进行了交谈。公共汽车上的人不时地唱着《啊，自由》和《我们必须抗争》。我们暗暗祈祷暴力事件不要发生。"

乞力马扎罗跋涉480多公里来参加大游行。很多人来自阿拉巴马州的伯明翰，金是其中极其杰出的代表，他们乘坐20多个小时的公共汽车，穿越了1200多公里。参与者投入了大量时间、金钱，对游行充满了期望与梦想，虽然紧张但情绪高涨。

主要的演讲者马丁·路德·金是卓越的社会活动家、令人钦佩的牧师，也是南方基督教领袖联合会勤勉务实的领导人，他必须最终确定自己的演讲内容，尽管他昨晚与顾问们争论了很长时间，筋疲力尽，早上四点才睡。金的密友兼演讲执笔人克拉伦斯·B.琼斯事后坦陈："游行的后勤准备工作如此繁重，以致演讲并不是我们的优先事项。"

直到大游行的前晚，包括琼斯在内的7个人才与金聚在一起对最后的演讲内容发表看法，由琼斯负责记录并将其转化成论辩有力的演讲。该演讲要紧扣全国人民的思想和心灵，但这绝非易事，因为在场的每个人都觉得演讲意义重大，希望从中听到自己的声音。"我尽力概括所有支持者的不同观点，"琼斯在他的著作《梦想背后的故事》中写道，"每个不同观点的话语都萦绕在我的脑海，这谈何容易。"根据琼斯的叙述，金

甘地的影响

尽管两人之前从未相见，金却从莫罕达斯·甘地成功的非暴力抗议中汲取了大量灵感。于是1959年，金开启了孟买之旅。

金和他的随行人员受到热烈欢迎，"事实上每一扇大门都为我们打开了"，金在随后的记录里写道。他注意到印度人民"乐于倾听黑人的精神世界"，而他的妻子科丽塔往往在金演讲结束时为听众献唱。

这次印度之行深深地感染了金。他在最后一晚的广播直播中说："自来到印度以后，我比以往更加确信，对于被压迫人民争取正义与尊严的斗争来说，非暴力抵抗的方式是当下最有潜力的武器。"

● **1876年—1960年**
《吉姆·克劳法》
这些种族隔离法律的实施，使非洲裔美国人处在"隔离但平等"的状态下，其设施条件往往比提供给美国白人的差。

● **1964年**
《民权法案》
《民权法案》是美国适用范围最广的平等立法之一，它禁止任何形式的歧视，并赋予联邦政府解除种族隔离的权力。

● **1991年**
一项更有力的法案
乔治·W.布什总统只用了两年的讨论和投票时间，便最终签署了《1991年民权法案》，强化了现有的民权法律。

● **2009年**
第一位黑人总统
巴拉克·奥巴马宣誓就任美国第44任总统，他是美国历史上第一位非洲裔美国总统。

▲ 众多从纽约始发的游行包厢列车中的一列到达华盛顿联邦火车站。

很快就焦头烂额，告诉他的顾问们："我要上楼回房间与我的主交流。明天再见吧。"

毫无疑问，当晚金正打算休息，眼前任务的强度严重地困扰着他。此刻，金已是一个著名的政治人物，但是黑人教会和社会活动者圈子外很少有人听过他公开讲话。相对较新的电视网络正准备将他的形象投送到千家万户，金知道他必须抓住前所未有的民权运动平台。

当金最终被请到台前演讲的时候，很明显，他的演讲顺位直接使其处于不利地位。闷热压抑的天气迅速耗尽了人群的热情，许多人已经离开游行队伍，开始漫长的回家旅程。当天采用了最先进的音响系统，但活动前遭到恶意破坏，即便美国陆军信号兵团协助进行了修复，一些人也只能勉强听到演讲者的声音。在争取平等权利的历程中，金是一个经历过死亡威胁、炸弹恐吓、多次被捕、多次被判监禁甚至不断遭受恫吓的人，他不会因不利环境的困扰而无所适从。

金将打印好但修改多处的便笺放到讲台上，他援引《独立宣言》《解放奴隶宣言》和《美国宪法》，开始了灵动而充满激情的演讲。一开始，他低头向亚伯拉罕·林肯的《葛底斯堡讲话》致敬（"一百年前……"），他认为那是一个同样具有标志性意义的演讲，林肯总统在一百

▲ 克拉伦斯·琼斯，金的演讲执笔者之一。

▲ 歌手琼·贝兹与鲍勃·迪伦在1963年"向华盛顿进军"的民权游行中献唱。

年前就确立了人类平等的愿景。金运用了富于韵律的语言、含义隽永的宗教隐喻，并在每一句开头掷地有声地重复，"一百多年以前……"他加大音量，以突显林肯总统未竟的梦想。"我们不能满足于……"他高声呼喊，勇敢地表明"美国给黑人开了一张空头支票"。

琼斯在看到金的演讲吸引住观众后，长出了一口气。他在《梦想背后的故事》中写道："当我意识到他似乎完全是在背诵那些我前一天晚上在酒店房间里草拟的开篇段落时，激动的愉悦涌遍全身。"后来一些未事先设计的内容出现了。在一个短暂的停顿中，当天早些时候表演的福音歌手玛哈莉亚·杰克逊向金大喊："马丁，讲出梦想！"金将便签推到一边，挺胸抬头站在观众面前。有所预感的琼斯对旁边的人说："今天这些人还不知道，他们将要聆听布道了。"

金听从内心的声音，脱离了他的正式讲稿，开始坦诚地宣讲他的远见、他的梦想，这些逐渐成为永远改变民权运动的精神遗产。"我有一个梦想"，他说出了演讲中最有名的一段话，"我的四个孩子将在一个不是以他们的肤色，而是以他们的品格优劣来评价他们的国度里生活。"

"啊，"金的另一位顾问沃克·维亚特评论道，"他在使用梦想。"维亚特以前曾建议金远离有关梦想的措辞："那是老生常谈、陈词滥调，您已经用过太多次了。"的确，几天前金曾对募款人及在一些集会中使用过这一措辞，但至关重要的是，在大众媒体中尚未公开。对于在电视上观看以及亲临现场的数百万人来说，演讲就像刚出炉一样新颖。

当金过去谈及自己"梦想"的时候，"梦想"一词得到了普遍认可，但该措辞显然缺乏新意。然而，这次却大为不同，数十万听众齐声应和，发出众志成城的呐喊，金说出最后一句："终于自由了，终于自由了，感谢万能的上帝——我们终于自由了！"人群里响起经久不息的热烈掌声。

金的演讲是黑人历史及争取民权斗争史上的一个特殊时刻。琼斯写道："他虽然登上讲台之前已经声名赫赫，但他已翻开历史新的一页。"

> 金听从内心的声音，脱离了他的正式讲稿，开始坦诚地宣讲自己的远见。

据报道，甚至连超级演说家肯尼迪总统本人也向一位助手评论道："他简直棒极了！"

然而，金的演讲反馈并不完全都是正面的。联邦调查局对金的行动保持着警惕，局长J.埃德加·胡佛认为金是个危险的激进分子。在游行的两天后，联邦调查局特工威廉·C.沙利文撰写了一份关于金影响力日增的备忘录："鉴于昨天金的强劲煽动性言论，在影响大批黑人方面，他比其他所有黑人领导人合在一起还要强大。从共产主义、黑人和国家安全的角度来看，我们现在必须把他标记为我国最危险的黑人……尽管我们以前从未有过这样的操作。"

从此，金被联邦调查局视作美国的主要敌人，并遭到全面监视和监听。根据马歇尔·弗雷迪的传记《马丁·路德·金的一生》中的描述，联邦调查局甚至将他们截获的关于金婚外情的录音寄给金。金认为，这种企图恫吓并驱使他自杀的目的昭然若揭。

最莫名其妙的是，当时批评的声音不仅来自政府，而且来自他的同伴。民权社会活动家、作

▲ 很多抗议活动的领导人在"为工作与自由向华盛顿进军"行动前被阻止前进。

金的演讲背后的数字

11 金11次提到"梦想"一词

17 演讲持续17分钟

20 很多人坐了20个小时的公共汽车来参加游行

100 早上8点前每小时都有100辆公共汽车到达

5,900 有5900名警察在附近执勤

250,000 25万人参加游行

家安妮·穆迪也前往华盛顿特区参与了大游行，她回忆说："我坐在草地上聆听演讲，竟发现领导我们的人不是领导者，而是一个'梦想家'。大家都站在那里异想天开地做梦。马丁·路德·金则在大谈特谈他的梦想。我坐在那里想，我们在坎顿没有时间睡觉，更没有时间做梦。"

人权社会活动家马尔科姆·X也公开指责大游行与金博士的演讲，称该行动是"在华盛顿上演的闹剧"。后来他在自传中写道："谁曾听说过愤怒的革命者与压迫他们的人一起在戏水池中舞动着赤脚，旁边还伴着福音、吉他，还有《我

见诸报端的游行

金演讲之后，全国各地的报纸的头条报道参差不齐。多家报纸报道了游行的有序与和平性质，但仍有一些报章抱怨该事件对当地交通和运输造成了影响。其他报纸，也许是故意为之，仅用了小小的几英寸篇幅，将其称为“种族游行”，而不是呼吁平等的游行。

《尤金记录卫报》的头版反映了当时许多人的担忧。“大规模的黑人示威‘只是一个开始’”是有些令人恐惧的噱头，暗示美国应该对黑人感到恐惧。同时，“没有任何证据显示这将对国会产生影响”的口号性结语似乎有意地破坏了游行者的努力。

Eugene Register-Guard

No Evidence of Any Effect on Congress

Massive Negro Demonstration 'Only a Beginning'

Two Named By Carriers To Arbitrate

5 Eugeneans' Sailing Trip Cut Short

Rescue Efforts Stalled In Utah Potash Mine

3rd Miner's Fate Remains Unknown

Senate Committee Okays Test Treaty

Gun Mishap: Boy Wounds Twin Brother

Bean Harvest Passes Peak

Oregon State Fair Opens Eight-Day Run Friday

INSIDE TODAY

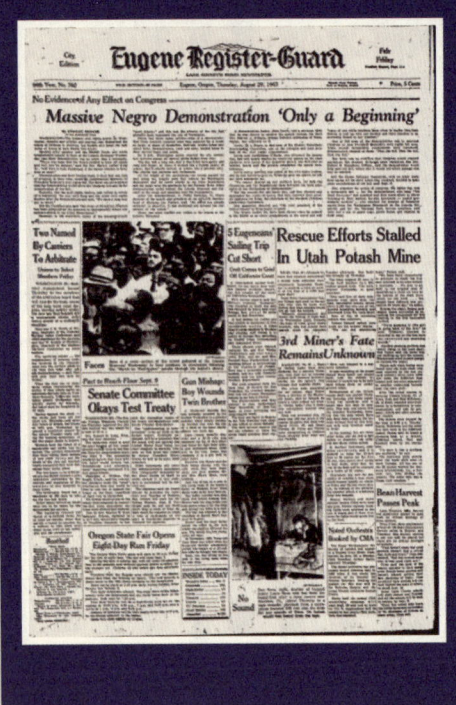

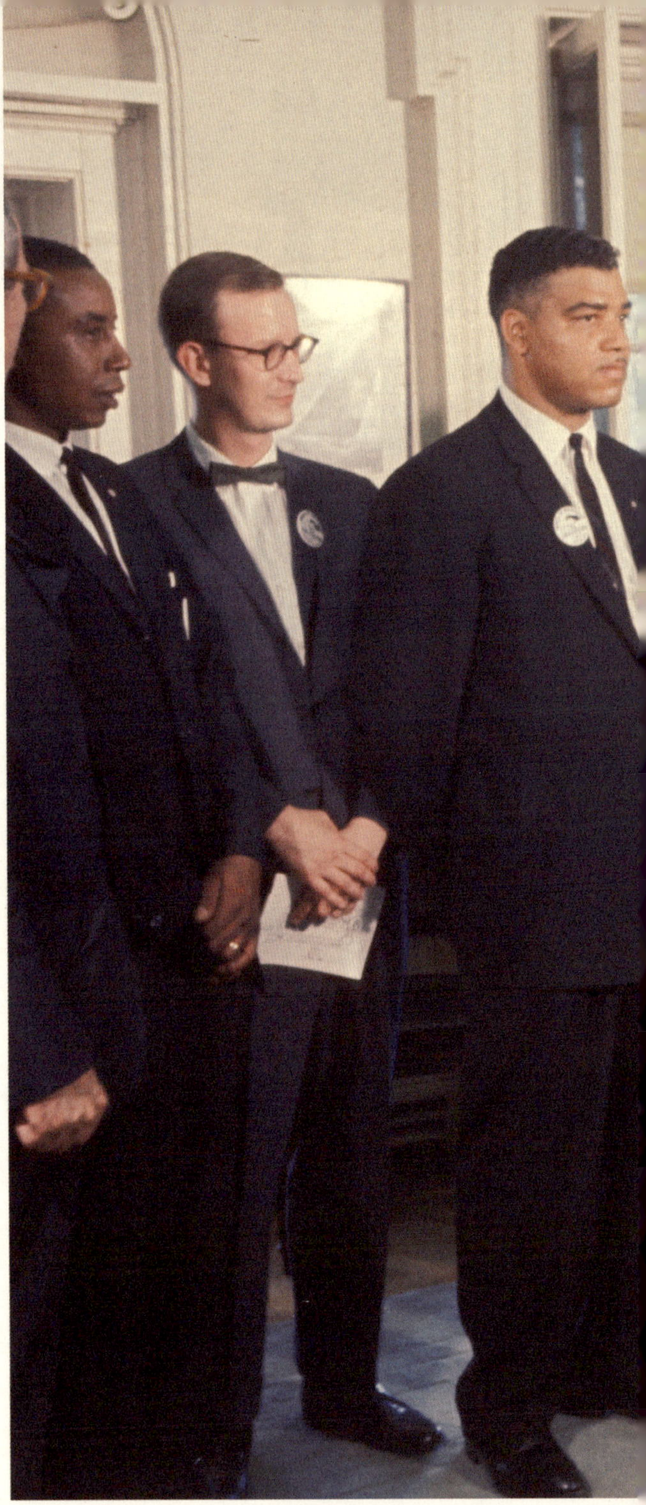

金被联邦调查局当作美国的一个主要敌人，并遭到全面的监视和监听。

▲ 1963年8月28日，"为工作与自由向华盛顿进军"的民权运动领导人在椭圆形办公室与约翰·肯尼迪总统会面。

肯尼迪与金

　　金从未公开地支持任何政治候选人，但在1960年，他的确表示他"感觉肯尼迪将会成为最好的总统"。

　　许多人认为，肯尼迪能担任总统应归功于金。在佐治亚州亚特兰大市的一次抗议活动后，他确保将金从监狱释放，这一举动为他赢得了大部分黑人的选票。但是当他们讨论发表第二次《解放奴隶宣言》的可能性时，肯尼迪反应迟缓。

　　肯尼迪正陷于两股对立的力量之间：一方面，是他对平等的信念；另一方面，是对外国威胁的忧心忡忡。

▲ 金在林肯纪念堂前发表标志性的演讲。

演讲的影响

尽管金的演讲取得了成功,但随后形势急转直下,金愈发感觉梦想幻灭,他的演讲很快被遗忘。他说,这次演讲"变成了一场噩梦"。根据《向华盛顿进军》的作者威廉·普·琼斯的叙述,20世纪60年代中期"大多数人不会认为这是有史以来最振奋人心的演讲"。

金被暗杀身亡使美国公众重新注意到他的演说,但出乎意料的是,整篇演讲一直未曾现身,直到15年后,一份演讲手稿才在《华盛顿邮报》刊出。

演讲的原稿目前掌握在乔治·拉维林手里。当时26岁的篮球运动员拉维林在游行的最后时刻自愿充当保镖,并在金演讲结束后请求收藏金的便签。演讲原稿的拍卖出价高达180万英镑(300万美元),但拉维林称他无意出售。

有一个梦想》的演讲?"

无论批评者如何评价,金的演讲都毫无疑问地使其成为出类拔萃的领导者。他的演讲被誉为20世纪最伟大的演讲之一,为他赢得《时代》杂志"年度人物"的荣誉称号,随后使他获得诺贝尔和平奖。当时,他是此项殊荣最年轻的获得者。

至关重要的是,大游行与金的演讲引发了社会论争,为切实可行的民权改革铺平了道路,将种族平等问题推到了议事日程的首要位置上来。里程碑式的1964年《民权法案》在金发表梦想演讲不到一年后即立法生效,法案规定:任何基于种族、肤色、宗教、性别或祖籍国的歧视均属违法行为。

在演讲的中部,马丁·路德·金尚未脱离讲稿,他向人群中成千上万的兄弟姐妹呼吁:"我们不能独行。"他以一种诗意而洒脱的方式表达自己的心声,可谓前无古人,后无来者。

▲ "为工作与自由向华盛顿进军"大游行约有25万名支持者参与。

▲ 有10万多名哀悼者跟随在马丁·路德·金的棺椁后。

罹难的四个小女孩

伯明翰第16街浸信会教堂恐怖爆炸袭击造成4名小女孩死亡，加速了民权运动的升温。

★★★★

这是种族仇恨驱动的令人发指的恶劣行径，使得整个国家乃至整个世界都在恐怖中瑟缩。美国怎能发生这样的暴力、这样的恐怖？然而，在20世纪60年代实行种族隔离的南方，特别是阿拉巴马州的伯明翰市，白人至上主义恐怖爆炸袭击极为普遍。当民权运动领导人选择将该市作为他们努力终结《吉姆·克劳法》与种族隔离时代的重点时，这座阿拉巴马州的工商业中心也成了种族骚乱的中心。

尽管在整个南方，种族隔离已远离了人们的生活，但阿拉巴马州州长乔治·华莱士和伯明翰公共安全专员"公牛"康纳仍是解除种族隔离行动的顽固反对者。他们公开谴责，是种族平等加剧了动荡。康纳因残暴镇压示威者的方式而臭名昭著。在夜间电视新闻播报中，挥舞警棍的伯明翰警官、射向民众的消防水枪和紧咬皮带的恶犬等画面如同家常便饭。

民权运动和非暴力的南方基督教领袖联合会的公认领袖马丁·路德·金博士认为，伯明翰不断增加的暴力活动是当地种族主义者恶名的衍生

> 伯明翰发生了太多恐怖爆炸案，以至于常常被称作"崩明翰"。

为了周日早间的袭击，歹徒在教堂东侧至少安放了15个炸药和1根雷管。

1964年7月2日,教堂爆炸案发生的数月后,《民权法案》立法生效。

迟到但未缺席的正义

20世纪70年代初期,阿拉巴马州总检察长比尔·巴克斯利重新审理了第16街浸信会教堂爆炸案。该案由于缺乏线索或证据并未结案,但确切地说,更是因为J. 埃德加·胡佛铁腕统治下的联邦调查局的漠视与公然阻挠。1968年,担任局长十几年的胡佛下令封结该案,不予调查。巴克斯利指控人称"炸药鲍勃"的罗伯特·爱德华·尚布利斯涉嫌该案,1977年他被定罪,1985年死在狱中,但他一直宣称自己无罪。

直到"炸药鲍勃"死去的16年后才实现对第二案犯的定罪。2001年,小托马斯·埃德温·布兰顿被判犯有谋杀罪,一直关押在阿拉巴马州斯普林维尔的圣克莱尔劳教所。2002年,货车司机兼焊工鲍比·弗兰克·切利被判处终身监禁。切利的一个儿子(也是他与前妻的4个孩子之一)和一名线人当庭作证指控了他。他认为自己是一名"政治犯",2004年死在狱中。第4名可能的同谋赫曼·弗兰克·卡什死于1994年,尽管他早在1965年就牵连其中,却从未被起诉。

▲ 罗伯特·爱德华·尚布利斯因1963年9月第16街浸信会教堂爆炸案被捕后,笑对镜头。

▲ 白人至上主义恐怖分子在第16街浸信会教堂安放的炸药导致4名小女孩罹难。

品，不仅源于当地政府的恶意和三K党分支的四面出击，也因为反种族隔离的行动集中于此。第16街浸信会教堂是市中心黑人集会的主要场所，当地民权积极行动者的地区会议和示威活动也通常在此发起。1963年春天，金在伯明翰亲历了当地糟糕的种族关系，也因在这里领导非暴力抗议活动而被捕。

1963年8月28日，金站在华盛顿特区林肯纪念堂的台阶上发表了激动人心的《我有一个梦想》的演讲。差不多两个星期后的9月15日，在第16街教堂有200名教众正在参加主日学，并为后面的宗教活动做准备。上午10点22分，一声爆炸的巨响打破早上的宁静。自1911年以来占据第16街与第6大道街角的教堂内墙瞬间崩塌，砖瓦碎片四处飞溅，彩色玻璃甚至飞到100英尺①开外，肆虐的烟尘涌向天空。教堂的东侧

① 1英尺=0.3048米。

至少安放了15个炸药和1根雷管，歹徒很清楚，周日早上肯定会有一些无辜的人在场。

爆炸现场有4名小女孩罹难，她们是14岁的卡洛尔·罗伯逊、艾迪·梅伊·柯林斯与辛西娅·韦斯利，以及11岁的丹妮丝·麦克奈尔。人们在地下室的一个卫生间里找到了她们被炸碎的肢体。另有22人受伤，包括12岁的萨拉·科林斯，她失去了一只眼睛。这是伯明翰市11天中的第3起恐怖爆炸案，显然是对联邦法庭下令在阿拉巴马州公立学校解除种族隔离的回应。

> 那个致命的早上，《圣经》课的内容出自《马太福音》，倡导爱与宽容。

悲剧发生之后，金博士在为其中3名女孩举行的葬礼上，面对8000名哀悼者发表了讲话。他说："3个孩子天真可爱，与世无争，却成了这最灭绝人性的邪恶惨剧的牺牲品。" 一场暴力浪潮席卷整个伯明翰，导致两名黑人示威者遇害，最后动用了国民警卫队才恢复了秩序。

尽管作奸犯科者可能众所周知，并确定是与伯明翰三K党有关联的某些人，但正义之轮却转动得很缓慢。联邦调查局收集了针对犯罪嫌疑人的有罪证词，但在民权运动的对头——局长J.埃德加·胡佛领导下，几乎没有采取任何行动。1972年胡佛逝世后，此案在4个不同的法庭中重新审理。4名白人至上主义嫌疑犯中，有3人被定罪并判处终身监禁，其中的最后一名被告是在惨案发生的38年后才被判入狱的。第4名嫌疑犯在审判前死亡。

第16街浸信会教堂遇难的孩子们并没有白白牺牲，爆炸案引发了人们对种族隔离的强烈抗议，无疑加速了20世纪60年代动荡十年之后的社会变革。

约翰·肯尼迪与马丁·路德·金

约翰·肯尼迪与马丁·路德·金是如何成为互惠盟友，共同奠定《民权法案》基础的？

★★★★

约翰·肯尼迪与马丁·路德·金同处一个时代，他们都有激励美国人的远见卓识。但令人悲痛的是，肯尼迪与金以及肯尼迪的弟弟罗伯特都在他们作为领导人即将兑现承诺之前被暗杀。分别作为波士顿的天主教徒和亚特兰大的浸信会教徒，肯尼迪与金也从未如挚友般特别亲近或成为政治盟友。

1960年6月，肯尼迪与金第一次会面。金当时是主要民权组织——南方基督教领袖联合会的黑人教士领袖。他面对恫吓与被谋杀威胁时的勇气以及他诉诸道德正义的雄辩与说服力使他成为民权斗争中最主要的代表人物。他的敌人就是那些将南方黑人列为二等公民的民主党人。

肯尼迪是马萨诸塞州的民主党议员，他试图赢得党内提名，作为民主党候选人参加1960年的总统大选。这就要求肯尼迪小心平衡各方的诉求，不要在意一些民权运动领导人过去的共产主义者或社会主义者的背景。1960年，民主党由两个派别组成。在北方各州的城市里，民主党是劳工联盟与包括犹太人、天主教徒和大萧条及"二战"时期移居北方的黑人工人等少数族群组成的联合党派。

> 根据一个朋友的陈述，李·哈维·奥斯瓦尔德支持民权运动，并赞同肯尼迪对该运动的支持。

然而在南方，民主党则继承了内战和《吉姆·克劳法》时期民主党的衣钵，是种族主义者、反犹太者、反天主教者汇集的党派。1960年，阿拉巴马州的民主党旗帜上写着"白人至上"的字样。很多南方的民主党人是公开的种族主义者，如阿拉巴马州伯明翰的公共安全专员——"公牛"康纳，1963年，他命令警方使用消防水枪和警犬攻击手无寸铁的民权抗议者。

在会见金后，肯尼迪公开赞扬民权运动斗争者是"令人感动的勇担道义的榜样"，并声称和平抗议是"敢于担当的象征，是优秀公民的标志，是美国精神的展现"。当被问及黑人顾客进入白人专属的饭店要求享有服务的"静坐"示威时，肯尼迪为他们的目标与方法辩护说："坚持自己的权利是美国的传统，采取坐下来坚持自己权利的新方式也没有问题。"

为赢得民主党的提名，肯尼迪需要南方白人民主党派的选票。为赢得总统大选，他需要北方黑人民主党的选票。因此，当肯尼迪公开发声谋求北方的黑人选票时，他的助手敦促金在1960年剩余的时间里暂停非暴力抗议活动，但金拒绝妥协。1960年秋，民权运动抗议继续进行，选举前的民意调查显示肯尼迪与共和党候选人理查德·尼克松旗鼓相当。

在选举两星期前，金在亚特兰大百货商店的静坐中被捕。警察宣称他之前违反了交通法规，

▲ 1963年阿拉巴马州伯明翰运动期间，金住在盖斯顿汽车旅馆。1963年5月该旅馆被炸。

> 肯尼迪担心在任期的前几个月自己的党派便分崩离析，因此没有针对民权运动采取行动。

要对他进行处罚，因而将他逮捕，并送至320公里外的一家监控严密的监狱。在肯尼迪与尼克松举行电视辩论的同时，一场对金长达6个月的艰难审判开始了。

肯尼迪没有选择公开发声，但他和弟弟都小心斡旋，尽力使金获释。肯尼迪的顾问萨金特·施里弗与哈里斯·沃福德否定了罗伯特·肯尼迪的建议，他们劝说肯尼迪给金的妻子科丽塔打电话，当时科丽塔正怀着6个月的身孕。

第二天，金缴纳保释金后获释。他很感激肯尼迪出手相助，但也注意到尼克松对他无动于衷。

尽管金并不支持肯尼迪，但通电话的消息也许有利于改变肯尼迪在北方黑人中的选票状况。这也的的确确改变了金父亲的选票，老马丁·路德·金之前曾因肯尼迪是个天主教徒而拒绝投票给他。

肯尼迪赢得了大选，那么他是否真的设法为马丁·路德·金赢得了自由呢？显然金并不这么认为。2014年，在田纳西州孟菲斯的国家民权博物馆里播放了一卷记录金感激肯尼迪兄弟出手相助的录音带，发现金的赞誉里是有所保留的。

金告诉访谈者："千真万确，肯尼迪参议员采取了特别的行动。在我被捕期间，他与佐治亚的官员保持联系，并私下里给我妻子打电话表达对我的关切，他告诉我妻子，他正在努力使我

联邦调查局与马丁·路德·金

从1957年开始直至1968年马丁·路德·金遇害，联邦调查局一直在监控他。J. 埃德加·胡佛与金的对立状态纯属私人恩怨。胡佛确定，肯尼迪兄弟了解金的通奸情况以及金的一些同事的共产主义背景。1963年11月，约翰·肯尼迪被暗杀后，胡佛在监听记录中听到金称他是"老家伙"，金还与助手讨论能否向肯尼迪的继任者林登·约翰逊施压将胡佛解雇。联邦调查局也获取了金在各地宾馆与人通奸的记录。胡佛把这些磁带的副本交给总统林登·约翰逊，并命令助手将金的风流韵事透露给新闻界。胡佛的一位助手甚至把一份金与人通奸的录音带寄给了金的妻子科丽塔。一年后，当金赢得诺贝尔和平奖后，胡佛声称金是"美国最臭名昭彰的大骗子"。

金应邀去见胡佛，在联邦调查局总部，胡佛大肆炫耀联邦调查局在对抗三K党方面取得的成就，丝毫未提监控的事情。

金在胡佛办公室的时候，一位联邦调查局员工向等候的新闻记者出示了一张金与一位身份不明女子一起离开旅馆的照片。

▲ 1961年9月，联邦调查局局长J. 埃德加·胡佛在自己的办公室里。

获释。"金说，罗伯特·肯尼迪也提供了帮助。"他的弟弟，当时是他的竞选总部经理，直接联系了佐治亚州的官员，甚至当地的一名法官。"但金认为并非仅凭肯尼迪家族一方之力使他得以获释。"肯尼迪家族确实在营救我时起到了一些作用，但我必须清楚还有很多其他力量促成了此事。"

尽管约翰·肯尼迪认为赋予少数族群平等的住房和选举权的法律势在必行，但他明白民权是一个争议性议题，无论在他自己的党内，还是在国家层面都是如此。他认为其他议题更为紧迫，如税收、钢铁价格、菲德尔·卡斯特罗的古巴敌对政权，以及冷战问题等。要实现民权立法，他需要确保获得温和派共和党人的支持，这还需要进行幕后协商。

肯尼迪担心在任期的前几个月自己的党派便分崩离析，因此没有针对民权运动采取行动。尽管金是民权运动最杰出的领导人，但未受邀出席肯尼迪的就职典礼，也未受邀参加肯尼迪安抚民权运动的第一次民权运动领导人白宫会议。肯尼迪兄弟意图掌控民权运动的步调，使其不致干扰肯尼迪第一个总统任期的大局，包括总统第一任期战略中的任何一个元素，以便赢得第二任期。

不久以后，金做出论断，民权运动一定要迫使肯尼迪做出回应。当自由乘车者行动传遍南方时，参与活动者遭遇了人身危险与治安警察的恶意相向。1961年5月，金前往阿拉巴马州的蒙哥马利，在南方基督教领袖联合会的共同领导人拉尔夫·阿伯内西的教堂为自由乘车者布道，以表示对他们的支持。

金与其他民权运动领导人仍认为肯尼迪兄弟并没有把民权运动作为当务之急。在1962年7月的演讲中，金认为肯尼迪应该"进行道德劝导，偶尔要发声反对种族隔离"。肯尼迪回应称，他

▲ 肯尼迪总统被暗杀后，副总统林登·约翰逊于1963年11月22日在空军一号专机上宣誓就职。

保证美国人人平等的承诺是清晰明确的。但又过了一年,他才通过立法提案表明了这一承诺。肯尼迪这样做是因为民权运动已经迫使美国政府成了道德危机的旁观者。在阿拉巴马州,示威者遭受棍棒、警犬和高压水枪袭击的场面以及在教堂恐怖袭击中丧生的黑人儿童,已经引起了公众的普遍憎恶。

肯尼迪被迫承认"警察的镇压行动"和"敷衍了事"并非解决问题的办法。1963年6月,他终于提议立法废除南方的《吉姆·克劳法》。所有受过小学教育(年满16岁)的美国公民都可以投票;在旅馆和饭店等公共场所,黑人将不会受到歧视。

尽管肯尼迪家族做出了这些划时代的提议,但仍与金保持着距离。他们知道,政府机构中最有权力的人——联邦调查局的J. 埃德加·胡佛讨厌金与民权运动。他们还知道,胡佛已经进行了40年未经授权的监视来收集秘密文件,不仅关涉到有组织犯罪的老板和超过40万名政治"颠覆分子"嫌疑人的私人生活,而且还关涉到从好莱坞到华盛顿再到南方基督教领袖联合会等公共生活中的每个美国人,其中也包括肯尼迪兄弟和马丁·路德·金。

胡佛除了对他所怀疑的人的政治人脉极度着迷外,对绯闻八卦也有特殊的兴趣。一个人可以否认过去的政治背景,但很难抹去过去的风流韵事。胡佛调查了约翰·肯尼迪与马丁·路德·金的政治活动,掌握了他们密会情人的材料,还积累了罗伯特·肯尼迪的黑材料。

胡佛的窃听显示,约翰·肯尼迪在西弗吉尼亚州竞选民主党提名时收到的黑手党献金,显然是弗兰克·西纳特拉支付的。胡佛还听到了肯

> 索罕·索罕刺杀罗伯特·肯尼迪事件是美国第一宗由中东政治势力发起的恐怖袭击。

▲ 民权运动的领导人(左起):马丁·路德·金、总检察长罗伯特·肯尼迪、罗伊·维尔金斯以及副总统林登·约翰逊。

尼迪父亲乔瑟夫·肯尼迪的流言蜚语，老肯尼迪曾获得芝加哥犯罪集团老板萨姆·吉安卡纳的帮助，将伊利诺伊州库克县的投票箱填得满满的，该州对肯尼迪最后以微弱优势赢得选举胜利至关重要。肯尼迪也被监控到与朱蒂思·埃克斯娜有往来，埃克斯娜是肯尼迪的情人，也是芝加哥黑手党成员。

总检察官罗伯特·肯尼迪负责一项针对黑手党的行动。联邦调查局监控到，芝加哥犯罪集团的老板萨姆·吉安卡纳任命朱蒂思·埃克斯娜为公关经理。她摇身一变，成了约翰·肯尼迪的情人，后来在总统与吉安卡纳的交易中，她充当了介绍人的角色。1962年3月，胡佛向肯尼迪总统提交了埃克斯娜与萨姆·吉安卡纳、吉安卡纳的洛杉矶中尉约翰·罗塞利之间关联的证据，她的电话记录显示，她曾多次在不同场合下致电肯尼迪的白宫秘书。在此之后，肯尼迪很快终结了他与埃克斯娜的关系。

同时，联邦调查局自1957年起就开始监控马丁·路德·金与南方基督教领袖联合会的行踪。胡佛总体上很讨厌黑人，私下里把金称作"黑佬儿"。胡佛反对民权运动，认为民权运动是一种混乱无序的极端主义，他在黑人争取平等权利的斗争中发现了有组织策动共产主义阴谋的迹象。1962年，联邦调查局深入调查了金的助手亨特·毕茨·欧戴尔，发现20世纪50年代他曾是一名共产党员。联邦调查局还认为，金的律师斯丹利·列文森20世纪50年代曾是美国共产党的一名主要出资人。将列文森介绍给金的贝亚德·拉斯廷，除了过去是一名共产主义者外，也曾因同性恋行为而被定罪。

1963年6月，肯尼迪在白宫接见金的时候，告知金他正在遭到联邦调查局的窃听。同时，肯尼迪公开表示不赞同计划于1963年8月28日举行的"为工作与自由向华盛顿进军"大游行。他

▲ 理查德·尼克松，第37任美国总统，南方战略的受益者。

解释说："我们需要在国会取得成功，而不是在首都做一场秀。"当大游行的负责人A. 菲利普·兰多夫要求肯尼迪领导一场争取民权的"十字军东征"时，肯尼迪表明他更倾向于通过与共和党的两党协商推动立法的完成。肯尼迪也必须让胡佛保持中立。白宫招募并组成白人联盟参与到游行当中，以遏阻民权是黑人极端分子议题的说法。

1963年11月22日，肯尼迪在得克萨斯州的达拉斯被暗杀。马丁·路德·金评价说："他的死对美国和世界都是巨大的损失。美国人民给予前总统肯尼迪最好的礼物，就是将他提出的外交与内政政策付诸实施。"肯尼迪的副总统林登·约翰逊接任总统，并赢得1964年大选。约翰逊与肯尼迪不同，他对民权有深切的责任感。他决心推动民权立法，无论民主党付出多大代价。结果，获两党支持的1964年《民权法案》与1965年《投票权法案》相继立法生效。

"在南方，我们整整丢掉了一代人的选票"，据报道，约翰逊签署《民权法案》后如是

胡佛获得罗伯特·肯尼迪的授权监听金。

说。约翰逊已经做好付出代价的准备。历史学者一直在争论肯尼迪是否会冒着分裂党的风险而在任期内完善民权,其实这个问题在他的优先事项中排在低位,他只是迫于公众压力才采取了行动。

在约翰逊致力于《民权法案》期间,罗伯特·肯尼迪同意了胡佛对金的监控。显然当时肯尼迪正在与胡佛合作共同对付黑手党,他并不知道他哥哥与埃克斯娜及吉安卡纳的联系。但罗伯特·肯尼迪的确知道胡佛对马丁·路德·金的监控。1963年12月,肯尼迪总统遇害仅仅几个星期后,胡佛征得罗伯特·肯尼迪的同意,窃听金的旅馆房间与电话通话。监听的借口是金的律师斯丹利·列文森曾经是一名共产党员。胡佛的真正目的是毁掉金与民权运动。虽然肯尼迪授权监控"基于法庭审判的要求,持续一个月左右",但实际上一直持续到1968年4月金被暗杀。

虽然金批评在肯尼迪任期内司法部没有起诉侵犯民权的案件,但他很感激罗伯特·肯尼迪为确保《民权法案》通过而付出的努力:"您在引领1964年《民权法案》通过国会两院的审查时干练干脆,颇具成效,您在全世界热爱自由的人们心中占据温暖的一席之地。我向您致以诚挚衷心的谢意。"

1964年9月,罗伯特·肯尼迪从总检察长的位置上辞职。两个月后,他在纽约赢得参议员选举,开始投入争取1968年民主党提名的竞选。1966年,肯尼迪批评约翰逊卷入越南战争,金称赞了他。一年后,金发表了一篇透彻的反越战演讲。两人似乎在内政和外交方面将代表美国的未来,但事实正好相反,他们都走向了悲剧。

1968年4月4日,当金站在田纳西州孟菲斯市一座汽车旅馆的阳台上时,一个叫詹姆斯·厄尔·雷的白人种族主义者开枪击中了他的头部。全美国各大城市都爆发了骚乱,罗伯特·肯尼迪在印第安纳州的印第安纳波利斯市中心用金的非暴力理念与一批主要为黑人的观众辩论。

在接下来的几周里,罗伯特·肯尼迪向民主党的提名发起冲击。1968年6月6日,罗伯特·肯尼迪在洛杉矶的一家旅馆演讲时被枪击身亡。暗杀他的人是一个巴勒斯坦移民,名叫索罕·索罕,他因美国支持以色列而暗杀了罗伯特·肯尼迪。

约翰·肯尼迪、马丁·路德·金与罗伯特·肯尼迪三人接连被暗杀,严重伤害了美国社会,推动美国政治走上了另外一条道路。1960年,理查德·尼克松以微弱劣势输给了肯尼迪。1968年他赢得大选,承诺将美国救出越战的泥潭,并在国内恢复社会秩序。

种族重塑美国政治

在1960年的总统大选中,肯尼迪赢得78%的黑人选票。马丁·路德·金当时虽未表态支持肯尼迪,但他还是投了肯尼迪的票。"如果肯尼迪总统还活着,"金在肯尼迪被暗杀后写道,"1964年我会表态支持他。"然而,金却在1964年大选中号召"所有有良知的人"投票给共和党。

民主党在黑人选民中仍然是最受欢迎的选项,但民权立法导致南方的选情发生了变化。1960年,肯尼迪也获得了南方白人的大多数选票。1964年,一些南方民主党人支持共和党候选人巴里·古尔德沃特。当年年末,《民权法案》颁布导致民主党在南方白人中的支持度暴跌。1968年,理查德·尼克松与共和党收获了南方白人的选票。尼克松的幕僚长H. R. 海尔德曼建议采取一种策略,即暗示"整个问题确实是黑人问题",而表面上讲的是"法律与秩序"。

《民权法案》的颁布改变了美国两党的政治版图,确立了当今美国的政治格局。民主党摆脱了与奴隶制和《吉姆·克劳法》的历史联系,而共和党则需努力擦除"南方战略"的污点。

▲ 1975年,尼克松的幕僚长H. R. 海尔德曼因在水门事件中充当的角色而被判有罪。

1963 年 8 月 28 日，约翰·肯尼迪总统在白宫会见马丁·路德·金及其他"为工作与自由向华盛顿进军"的领导人。

密西西比的种族主义和谋杀案

三位民权运动工作者在密西西比遭到的谋杀
引起了全国关注，
但正义可能永远不会到来。

★★★★

1964年夏天，在密西西比乡村有三位民权运动工作者遇害，"布道者"埃德加·雷·基伦因此被定罪，93岁生日前他在帕奇曼州立监狱的铁窗下死去。基伦作为谋杀案主谋的有罪判决2005年才到来，而那场杀戮已整整过去了41年，而且罪名不是谋杀而是3项罪名较轻的过失杀人罪。

有人说，正义直到那一天才得以部分兑现。经过多次审查，有20多人因侵犯受害者人权而被判7项联邦罪名，此案现已结案。密西西比州最初没有以国家级指控的谋杀罪起诉共谋者。美国联邦政府根据联邦调查局收集的证据，援引了内战后重建时代的19世纪法规后才通过陪审团做出裁决。

1964年夏天对民权运动的发展进程至关重要，尤其是在南方。联邦组织理事会及其附属机构种族平等大会向南方各州派遣志愿者，齐心协力为黑人选民登记。"自由之夏"运动①如火如荼，当地白人至上主义者强势回应，警告大批正在赶来的民权工作者不要进入密西西比州。

> 三K党的埃德加·雷·基伦是一名浸信会牧师，他策划了对施韦纳、古德曼和钱尼的谋杀。

① "自由之夏"运动，即上文提到的1964年6月联邦组织理事会及其附属机构种族平等大会为密西西比州非洲裔美国人投票登记提供帮助的活动。参与者包括密西西比黑人以及1000多名来自其他州的白人。活动期间，参与者受到三K党、警方、州政府及当地政府的暴力袭击，3名参与者遭到谋杀。

　　1964年1月，来自纽约的24岁民权工作者迈克尔·施韦纳到达密西西比州的默尔迪恩，投身于民权运动的火热熔炉之中。6月21日，施韦纳与来自纽约20岁的种族平等大会新志愿者安德鲁·古德曼以及来自密西西比州的黑人工作者詹姆斯·钱尼参加完俄亥俄州的一个培训项目后返回密西西比州。本月早些时候，20多名三K党成员到内肖巴县的锡安山卫理公会教堂，殴打了几人，并焚毁教堂。他们一直在寻找施韦纳，因为他正在教堂筹建"自由学校"，以便组织、教育和动员黑人。

　　6月21日，三位民权工作者驱车前往锡安山教堂现场勘察恐怖袭击状况。在他们返回密西西比州默尔迪恩的路上，内肖巴县的警长助理塞西尔·普莱斯注意到他们乘坐的种族平等大会的旅行车正行驶到费城附近。普莱斯将他们的车拦到路边，以超速为名逮捕了钱尼，还铐住古德曼与施韦纳，指控他们涉嫌合谋教堂焚毁案。下午稍晚时候，他们被关进费城监狱。

　　他们要求打电话求助，但遭到拒绝，三人大概在监狱里待了7个小时，等待司法官员来处理超速罚款。大约晚上10点钟，普莱斯才允许他们无需出庭自行离开。普莱斯是当地三K党的一名成员，他通知其他同谋这些人正在拘押之中。他跟随他们出了城，然后返回费城，并留下另一名警察再次追捕。普莱斯在内肖巴县地界附近追上三人，待另两辆车到场后，将三人塞进他的巡逻车。三辆车行进到一条叫作"洛克·卡特"的土

▲ 在民权工作者们被杀害的几天后，他们驾驶的旅行车被人发现，但已烧焦。

1988 年的电影《密西西比焚尸案》大概是基于 1964 年夏天的悲剧事件拍摄的。

▲ 示威者在1964年民主党全国大会门外高举在密西西比州被谋杀的民权工作者的画像。

令受害者更为受辱的是，没有一个人被控谋杀罪。

路上停了下来。施韦纳和古德曼立即被开枪射中心脏，钱尼遭受暴打后被开了三枪。

种族平等大会的旅行车在一条废弃的木材运输路旁被纵火。6月23日，筋疲力尽的搜寻者找到了这辆车。他们的尸体被运到附近的农场，埋在一个大型土坝中，直至44天后，联邦调查局特工在线人的提示下才最终找到这里。

随后进行了一系列起诉。在1967年的审判中，普莱斯、特拉维斯·巴内特、奥尔顿·罗伯茨、比利·韦恩·波西、詹姆斯·阿里奇、詹姆斯·斯诺登和塞缪尔·鲍尔斯因侵犯被杀三人的民权而被定罪，另有8名被告被判无罪。他们的刑期从3年到10年不等；然而，没有一个人服刑超过6年。对于这三人的案件，陪审团无法达成一致意见。基伦几十年来一直保持自由。令受害者更为受辱的是，没有一个人被控谋杀罪。

1964年6月三名年轻人无辜、悲惨的遇害（有时被称为"密西西比焚尸案"或"自由之夏谋杀案"）推动了民权事业的发展，加速了具有里程碑意义的1965年《投票权法案》的通过。

> 在调查该谋杀案的高峰时期，有200名联邦调查局特工参与其中，但很多人来自新奥尔良，与此案有牵连。

充斥鲜血与恐怖的暴行

三K党是具有明显暴力倾向的仇恨团体，到1964年，密西西比州三K党的人数激增至10000名，在这一年中这个阴暗的白人至上主义组织通过恐吓和谋杀行动横施淫威。三K党最常见的手段是焚烧十字架，以对攻击目标、敌对社团或追求种族平等的人进行象征性威胁。1964年4月24日，三K党在密西西比州61个地点同时焚烧十字架，以炫耀其在密西西比州雄厚的实力基础。在随后充斥暴力的夏天里，20个主要黑人教堂遭焚毁，三K党对此难脱干系。

6个星期以来，联邦调查局特工和其他人员，包括附近海军航空站的400名美国海军人员，一直在寻找迈克尔·施韦纳、安德鲁·古德曼和詹姆斯·钱尼的尸体。整个7月，他们在搜寻河流、沼泽、田野和灌木丛的过程中，发现了8具黑人尸体。其中一名身穿"种族平等大会"T恤的男子显然是谋杀的受害者。另有两名学生经辨认是大学生查尔斯·摩尔和亨利·迪，他们在5月的某个时候被绑架、遭到毒打并被杀害。另一名被确认的是14岁的赫伯特·奥斯比。关于其他4具尸体的信息几乎未公开。

三K党人在内部警告说，打破沉默守则将意味着死亡，而叠加在调查期间所遇困难之上的，是一个简单的事实，即许多实际犯罪者及其他三K党成员在内肖巴县当局甚至整个密西西比地区身居高位。

▲ 调查人员在土坝厚厚的红黏土下发现了民权工作者施韦纳、古德曼和钱尼的遗骸。

争取投票权的长途游行

尽管《民权法案》规定种族歧视违法，
但是南方的很多黑人事实上仍被剥夺了公民权。
1964年，斗争转向了争取选举权。

★★★★

1964年7月2日，林登·约翰逊总统签署了《民权法案》，法案规定任何基于肤色、种族、宗教或性别的歧视都是违法的。尽管该法案在国会两院通过是一次历史性的胜利，但南方各州的黑人仍面对着根深蒂固的歧视，在选举权方面尤为严重。例如，阿拉巴马州的立法机构要求注册投票的黑人须通过识字能力测试并支付选民注册税。更令人厌恶的歧视是：测试由白人掌控，最终的判定结果往往由白人随心所欲地决定。他们限制注册中心的开放时间（往往一个月里只有一两天可以），恫吓并威胁解雇任何想注册投票的人，千方百计地给尝试注册的黑人制造困难。结果，根据1961年的报告，阿拉巴马州的达拉斯县15000名识字的选民中只有130名黑人注册投票。达拉斯县政府所在地塞尔玛的市民大多数是黑人，但因为很多人被剥夺公民权，所以少数白人把持着政治权力并试图保持现状。

塞尔玛与达拉斯县当地的社会活动家们多次尝试成为注册选民，均以失败告终，8位活动人士邀请南方基督教领袖联合会协助当地黑人争取投票权。促使南方基督教会议理事会包括马丁·路德·金博士接受邀请的一个主要因素是，达拉斯县的警力在警长吉姆·克拉克的率领下因残暴而臭名昭著。克拉克雇用了200名协警，其中一些是三K党成员，给他们配备了赶牛用的电鞭。金博士与南方基督教领袖联合会掌握了一条经过时间检验的媒体规律：哪里流血，哪里上头条。为了获得全国的关注，以便向林登·约翰逊总统施加压力，促其提出立法，消除在塞尔玛等地黑人选民面临的歧视，他们需要找到一个足够残酷愚蠢的城市当权者，在电视摄影师的镜头下曝光其攻击、殴打非暴力抗议者的暴行。警长吉姆·克拉克就是他们要找的合适人选。

在斗争的第一阶段，金博士和南方基督教会议以及当地的社会活动家组织了大规模的选民注册行动，以曝光针对黑人选民的令人生厌的限

▲ 1965年从塞尔玛前往蒙哥马利大游行的参与者。

▲ 游行最后一天，游行者沿着迪科斯特大道走向州国会大厦。

◀ 从塞尔玛到蒙哥马利大游行结束时，聚集在州国会大厦前的民权游行者。

制。但这没能抑制克拉克警长及其属下的残暴与执迷不悟，他们做出野蛮的回击导致在整个1965年1月有3000多人被捕，其中也包括金博士。尽管法庭判决有利于民权抗争者，但金博士在2月仍在写给《纽约时报》的信中说："这里是阿拉巴马州的塞尔玛，与我一同入狱的黑人比正在投票的黑人还多。"

1965年2月18日，警方驱散了相邻的佩里县的一次抗议活动。为了躲开阿拉巴马州的警察，吉米·李·杰克逊（一个穷苦的农民，也是当地教堂的执事）在一家咖啡馆避险，但警察随后追来，将其射杀。杰克逊试图摆脱死神，但在8天后仍伤重不治。

杰克逊的死犹如火上浇油，令激昂的情绪进一步高涨。为避免抗议转向暴力，南方基督教会的组织者詹姆斯·贝弗尔建议从县政府所在地塞尔玛组织一场前往州首府蒙哥马利的游行，行程80公里，向州长表达他们的不满。当时金博士在亚特兰大，因此大游行在何西·威廉姆斯牧师大人与学生社会活动家约翰·刘易斯的带领下进行。

3月7日星期天，约600名游行者从塞尔玛出发，来到阿拉巴马河上的埃德蒙·佩特斯桥。该桥中部有一个弧形拱架，当游行者到达这里时才

▲ 民权游行者穿过阿拉巴马州塞尔玛的埃德蒙·佩特斯桥。

▲ 游行者从各宗教传统中汲取了强大的力量。

▲ "我们与塞尔玛同行！"纽约的抗议者举着这样的横幅支持从塞尔玛到蒙哥马利的游行者。

发现警察和阿拉巴马州部队已在对面"恭候"。阿拉巴马州州长乔治·华莱士下令务必采取一切必要手段阻止游行者到达蒙哥马利，但吉姆·克拉克警长无须进一步动员。他率领民团骑兵队向游行者发起进攻，在警察施放催泪瓦斯的时候，他们用警棍殴打游行者。甚至当抗议者试图撤退时，民团的骑手们挥舞着警棍在背后追击他们。

当晚，全国性的电视网络公司美国广播公司（ABC）中止了其他电视节目，向观众放映美国的执法者对非暴力抗议者实施残酷暴行的录像。第二天，全国媒体铺天盖地报道的都是警察殴打黑人的照片。吉姆·克拉克警长蠢透了，根本没有克制自己，更没有约束自己的下属，他已经落入了事先为他设计好的"陷阱"。

为了回应这种暴力行径，金博士呼吁当地的宗教领袖在两天以后的3月9日星期二与他一起参加从塞尔玛到蒙哥马利的第二次游行。但是弗兰克·约翰逊法官发布了一条针对游行的临时禁令，金博士与其他抗议领袖进退维谷。约翰逊法官曾做出过许多有利于黑人民权的判决，人们都认为他会取消禁令。最终，金博士率领约2000名游行者前往埃德蒙·佩特斯桥，他们在阿拉巴马州部队的注视下在桥头跪下来祈祷，而后掉头返回塞尔玛。因此这一天被称为"转身星期二"。

但抗议者的非暴力行动仍遭遇了暴力——当晚参加游行的白人、一神普救派①牧师詹姆斯·里布被种族隔离主义者袭击，遭到重殴，两天后因伤去世。

3月15日，林登·约翰逊总统在国会联席会议上发表全国电视讲话时说："他们的事业也一定是我们的事业。因为那不仅仅是为了黑人，实际上也是为了我们所有人，我们必须克服偏执和不公的残酷恶俗。我们一定能克服。"两天后，

① Unitarian Universalism，是明确接受宗教多元主义的非教义宗教。美国一神普救派协会于1961年成立，基地设在波士顿。

▲ 在第三次大游行的最后一天，孩子们带领游行队伍进入蒙哥马利，向州国会大厦走去。

▲ 示威者在阿拉巴马州塞尔玛的达拉斯县法院大楼前交叉着手臂互相手拉手。吉姆·克拉克警长将他们全部逮捕。

总统向国会提出了新的立法，以确保黑人的投票权。同时，约翰逊法官取消了对游行者的限制令，还指示当地执法部门不要骚扰游行者。

3月21日，第三次离开塞尔玛前往蒙哥马利的游行在联邦调查局特工的保护下出发。游行队伍中有一位来自佐治亚州的盲人叫乔·杨，还有来自密歇根州的吉姆·莱斯勒，他们挂着拐杖来游行。游行者用了4天时间到达州首府。尽管天气一直很恶劣，但是当他们到达时，游行人数已达到25000人。在最后一晚，游行者在蒙哥马利郊区的天主教堂圣茱德教堂的地板上露营，哈里·贝拉方特与尼娜·西蒙等歌手为激动的人群演唱了歌曲。第二天早上，他们知道他们将创造历史。

3月25日，金博士带领游行者走进蒙哥马利。为了应对狙击手准备枪杀他的报道，15名

历史的瞬间
1963年10月7日
自由日
约400名黑人到达拉斯县法院大楼注册投票权。安妮·李·库珀也在排队等候。注册工作人员竭力拖拖拉拉，午休了很长时间。但自由日标志着达拉斯县及阿拉巴马州广大地区争取投票权斗争的开始。

● 1965年2月1日
金博士被捕
金博士因领导抗议活动而被捕，被关押在塞尔玛监狱。

● 1965年2月6日
政治进步
林登·约翰逊总统说，他将敦促国会考虑为投票权立法。

1963—1965时间轴

1963

● 1965年1月2日
斗争开始
金博士发起抗争。尽管一条法庭禁令禁止此类聚集，但仍有约700名黑人在布朗礼拜堂举行集会。

● 1965年1月18日
第一批尝试注册
金博士带领300名游行者到达法院大楼，试图注册投票权，但政府无人理会。

● 1965年1月19日
再次尝试注册
这次人们来注册时，克拉克警长逮捕了他们。

● 1965年1月25日
反击
在克拉克警长向等待注册的安妮·李·库珀挥动警棍时，库珀反手回击，她因此被捕。

● 1965年2月18日
咖啡馆里的杀戮
吉米·李·杰克逊在一间咖啡馆里躲避州部队的士兵，被射中胃部，8天后去世。

没有将另一边脸转过来[1]的女人

民权运动建立在基督教精神的基础之上,要求其积极行动者践行非暴力原则,以耶稣告诉门徒的方式在面对攻击的时候"将你的另一边脸转过来",该运动的追随者以惊人的自律和勇气恪守着这一戒律。但是,人们在面对挑衅的情况下,脾气可能会暴涨,然而没有人像安妮·李·库珀一样因为暴怒而知名。库珀是塞尔玛本地人,年轻时曾移居肯塔基,后来在1962年返回塞尔玛照顾妈妈。她在自己居住过的肯塔基与俄亥俄州都注册了投票权,她决心在阿拉巴马州也争取到投票权,但首先必须注册。她尝试了多次,都劳而无功。她说:"有一次,我从早上7点排队排到下午4点也没注册成。"1963年10月7日,社会活动家们组织了一个"自由日"行动,有400名黑人(这是法院允许的当日人数最大值)在达拉斯县法院大楼外等候注册,安妮·李·库珀就站在其中,但她没能注册上。当雇主们看到她在那里时,将她开除了。1965年1月25日,安妮·李·库珀加入在达拉斯县法院大楼外等候注册投票权的黑人队伍,再次尝试。但是这次,吉姆·克拉克警长带着协警们出现了。克拉克用警棍抵住安妮·李·库珀的脖子,命令她离开。库珀终于放弃了非暴力原则,她转身,一记漂亮的右钩拳砸在克拉克的下巴上,将其击倒。克拉克的协警们冲过来将库珀按倒并控制住,愤怒的吉姆·克拉克用警棍殴打了她。安妮·李·库珀被捕,在监狱中关押了11个小时,在此期间她唱了很多圣歌。

▲ 在电影《塞尔玛》中,库珀由奥普拉·温弗里扮演。

与金貌似的黑人教士围绕着金走在游行队伍的前面。然而,当游行者到达州国会大厦时,华莱士州长拒绝与他们见面。金博士则开始向游行者致辞,并通过电视向全国直播。

"我们的目标绝不是击败或羞辱白人,而是要赢得他们的友情和谅解。我们必须看到,我们最终追求的是一个和谐自足的社会,一个可以与良知同在的社会。那将不只是白人的日子,也不只是黑人的日子,那将是所有人坦荡做人的日子。"

不到6个月,即1965年8月6日,在金博士和其他民权领袖的现场见证下,约翰逊总统签署了《投票权法案》。

历史的瞬间
1965年3月7日
血腥星期天
600名游行者穿过阿拉巴马河,但没有人知道埃德蒙·佩特斯桥对面有什么在等待他们。一过桥他们才发现已与吉姆·克拉克警长(左图)迎面相遇,他的协警们骑在马上,随时准备大打出手。警察与州部队的士兵向游行者发动攻击,导致16人住院,另有至少50人受伤。袭击的照片占据了各电视频道和报纸。

历史的瞬间
1965年3月25日
前往蒙哥马利的大游行
第三次从塞尔玛前往蒙哥马利的游行终于抵达预定目的地,没有遭遇暴力袭击,无人受伤。在州国会大厦外,马丁·路德·金博士巧妙地问道,黑人民众还需等待多长时间才能获得投票权,有人回答:"不长,因为尽管道德世界的弧线很长,但已向正义俯身。"

1965年3月8日
法庭禁令
在血腥的星期天后,弗兰克·约翰逊法官考虑到游行者的安全,发布了一条临时禁令,禁止再游行。

1965年3月9日
转身星期二
金博士带领游行者到达埃德蒙·佩特斯桥,而后又带他们掉头返回塞尔玛。

1965年3月11日
牧师之死
詹姆斯·里布与其他三位牧师遭到三K党袭击。里布在两天后伤重不治,时年38岁。

1965年3月21日
再踏征程
游行者第三次从塞尔玛出发,前往州首府蒙哥马利。

1965年3月25日
夜色下的杀戮
一神普救派的白人牧师维奥拉·利佐是一个5岁孩子的母亲,曾到蒙哥马利助游行一臂之力,被三K党射杀于车中。

[1] 出自《马太福音》中耶稣的"登山宝训":"但是我告诉你们:不要与恶人作对。有人打你的右脸,连另一边也转过去由他打。"(《马太福音》5:39)

民权抗议者在第二次从塞尔玛到蒙哥马利的游行中遭遇警察的封锁。出于公共安全的担忧,抗议者最终掉头回去,因此这一天被标记为"转身星期二"。

王者之殇

马丁·路德·金从一名小小的浸信会牧师成长为非
暴力抗议与追求种族平等的斗士,
他的遇刺震惊了全世界。

★★★★★

20世纪60年代的民权运动——一场改变美国甚至改变世界的社会与政治动荡——使许多投身其中的著名社会活动家流芳百世。有些社会活动家属于激进派,他们力促非洲裔美国人打破强制种族隔离的桎梏,建立一个黑人至上的新国家;另一些人则倡导和平对策,认为只有策略与理性才能消除旧的偏见。

马丁·路德·金是一位浸信会牧师的儿子,是整个20世纪50年代到20世纪60年代民权运动的领袖之一。他为人极其平和,不过与他同时代人不同的是,他的遗产既要归功于他的英年早逝,也要归功于他毕生的励志行动。在一个努力摆脱分裂传统的国家里,作为一名改革运动的领袖,马丁·路德·金拒绝接受迫使非裔美国人过上二等公民生活的种族隔离制度。

虽说他组织静坐,领导集会和抗议活动,但始终奉非暴力为圭臬。身为牧师、善于雄辩的他俨然一股自然之力,令媒体痴迷,使激进的黑人运动者和拒绝改变现状的白人传统主义者都感到困惑。这也使他树大招风,生活中险情不断,或许是幸运的眷顾,或许是上帝的恩典,他最终都死里逃生。

纵观马丁·路德·金的一生,他是一个新时代的强音,一位想在上帝和宪法面前让人人平等的斗士,一种平息国家内部激烈争端的和平伟力。在生命的最后岁月里,他在赋予非洲裔美国人公民平等权利的《民权法案》批准过程中起到了关键作用。他的死,还促成了最后(或许也是最重要的)一次民权运动立法变革,即《公平住房法案》的出台。马丁·路德·金遇刺后,全国上下都沉浸在悲痛之中。然而,正是他的死,无论多么惨痛,才成就了每个公民——无论肤色或信仰如何——都能拥有一个不受歧视的家园。

成名之路

1929年1月15日
小迈克尔·金出生在佐治亚州亚特兰大市,是迈克尔·金牧师和阿尔伯塔·威廉姆斯·金的孩子,排行老二。

1934年
老金在德国神学家马丁·路德的著作里找到了灵感。为表达敬意,他给自己和长子更了名。

1948年
他毕业获得了社会学学士学位。他成为一名牧师,进入克罗泽神学院进修。

1944年
金天资聪颖,15岁就高中毕业,通过入学考试升入大名鼎鼎的莫尔豪斯学院就读。

1955年12月1日
罗莎·帕克斯被捕后,小金参与了蒙哥马利公共汽车抵制行动。4天后他当选为运动的发言人。

1957年
南方基督教领袖联合会由小金组建,旨在反对种族隔离,并为非洲裔美国人争取公民权利。

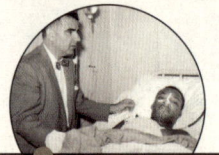

1960年
小金被捕并判处4个月监禁,总统候选人肯尼迪帮助撤销了这一判罚。

1958年9月20日
在一本书的签售会上,金被一个神经错乱的黑人妇女刺中胸部,经住院治疗后完全康复。

1963年4月13日
小金发起伯明翰运动。非暴力抗议者在静坐期间受到高压水枪袭击并遭逮捕。

1963年5月10日
在一个月的抗议之后,伯明翰协议达成,非洲裔美国人得以去商店购物和享受公共服务。

1964年1月3日
多年来,作为非暴力抗议的领袖人物,小金成功地发起了一系列抗议活动,并因此登上了《时代》杂志的封面。

1963年8月28日
在华盛顿特区林肯纪念堂的台阶上,金面对25万名集会群众发表了标志性演讲《我有一个梦想》。

1964年7月2日
《民权法案》由林登·约翰逊总统签署生效。小金和民权社会活动家们欢欣鼓舞,但很多白人民众对此置若罔闻。

1968年4月4日
在发表最后一篇演讲《我已登上了顶峰》的第二天,小金在孟菲斯遭到致命枪击。随后举国哀悼,骚乱席卷全美。

▲ 林登·约翰逊总统与马丁·路德·金及其他主要的民权活动家如惠特尼·杨和詹姆斯·法默尔会面。

▲ 人们普遍错误地以为金与马尔科姆·X关系密切——事实上他们只见过一面。尽管马尔科姆·X早期观点激进，但他最终接受了非暴力的理念。

▲ 马丁·路德·金和其他民权活动家齐聚一堂，一起见证林登·约翰逊总统签署《投票权法案》。

最后的时光

在最后那个晚上,马丁·路德·金在孟菲斯迈出了致命的一步,而持续多年的民权运动也日趋激烈。

1968年,经历十几年的积极抗争之后,对生活在美国的非洲裔美国人来说,真正的变革终于要到来了。尽管亚伯拉罕·林肯在总统任期内废除了奴隶制,但非白人的种族被剥夺了宪法赋予的平等权,被迫处在种族隔离之中,依然过着矮人半头的日子。如今,冬去春来,马丁·路德·金与民权运动已经取得了不可思议的成就,他们已经改变了当权者——那些有权修改法律的人——的观念。

虽然距离该法案签署立法仅有数月之遥,但金生命的最后时日却变得紧张起来。民权运动正在四分五裂,也夹杂了更多攻击性因素,例如引发人们对民权事业产生消极认识的黑豹党。民权事业正在取得进展,但街头骚乱与金所力主的和平抗议一样普遍。事态日益激化。

当然,社会的彻底变革绝非一朝一夕,但是最近的行动使事件的发展变得更加迅速。《民权法案》本是1963年约翰·肯尼迪总统提出的,他风度翩翩,做事雷厉风行,实力不可小觑,但即便如此,在参议院也遭遇了相当大的阻力(甚至还有提出相反法案的呼声)。后来,就在当年,肯尼迪被暗杀,消息震惊了全国。他的总统职位交由林登·约翰逊担任,约翰逊像其前任一样热衷于实现美国民众的真正平等。

金带着极大的热忱关注着法案推进的过程,他多次出席参议院听证会,将自己与法案紧密地联系在一起。在法案不断完善的过程中,金与约翰逊总统多次会晤。法案落实后,金开始将注意力投入其他领域,特别是美国赤贫人口改善生活水平的需求以及对越南战争的反对。

1968年,马丁·路德·金和民权运动的努力终于开始影响到联邦政府的决策。三年前,民权运动推动了第一次真正的不以肤色区别的全民立法变革,即《投票权法案》,以立法的形式确保了非洲裔美国人的合法权利。现在,金和他的同伴们将目光投向那块最大的蛋糕:修订1964年《民权法案》。

尽管金在民权运动中担任领导职务多年,立法改革对于全国非洲裔美国人来说已变为现实,但金仍冲在前线领导着民权事业。1968年,他组织了"穷人运动",旨在解决拉大社会贫富差距的严重经济赤字。更有意义的是,这是一个多

> 世界上没有什么比诚挚的无视、认真的愚蠢更危险的了。

元文化问题。金决心设法改善所有美国贫困人口的生活条件，无论其种族如何。

3月28日，金第一次力推"穷人运动"，他没有像过去那样将注意力集中在华盛顿特区，而是将注意力转向孟菲斯和正在进行的孟菲斯环卫工罢工。这次罢工是全国性的新闻，有1300名黑人环卫工因危险的工作环境、种族歧视以及两名工人的惨死而走上街头。金决定以孟菲斯罢工为催化剂，发起这场运动。但是，突然爆发的骚乱和暴力事件给这场运动制造了大量的负面新闻，民权运动的高层领导人贝亚德·拉斯廷甚至退出了该运动。他认为，该运动要求广泛实现经济复兴的目标过于笼统，不切实际。

4月3日，金飞往孟菲斯，将在梅森主教会堂（基督上帝教会的世界总堂）发表演讲。虽然他的航班因炸弹威胁延误，但他还是及时到达并发表了演讲。

《我已登上了顶峰》的演讲是金最有代表性、最知名的演讲之一。他高声宣告："我在某处读到了集会自由，我在某处读到了言论自由，我在某处读到了新闻自由，我在某某读到美国的伟大在于为权利而抗争的权利。就像我刚说的那样，我们不会再让恶犬和水枪迫使我们转身。我们不会再让任何禁令迫使我们掉头。我们一往无前。"

金的敌人

没有劲敌，就配不上暴力或非暴力的民权领袖

J. 埃德加·胡佛
如果历数金的敌人，激进的联邦调查局局长一定赫然在列。尽管没有证据表明胡佛反对过金在民权运动中试图达成的目标，但在发现金的高级顾问中有共产主义间谍后，他的确尝试过干扰民权运动的进程。

乔治·华莱士州长
乔治·华莱士宣誓就任阿拉巴马州州长时，也带来了推行和维护种族隔离制度的铁腕政策。这是他多年来一贯的立场，尽管受到金领导的民权运动的多次冲击，他仍固执己见，直到晚年才放弃自己的主张。

马尔科姆·X
尽管马尔科姆·X和马丁·路德·金私下里并非敌人，但在一段时期内，在如何实现非洲裔美国人的平等问题上，他们的观点大相径庭。马尔科姆·X早年反对金坚定的非暴力立场，他认为只有通过暴力才能实现平等。

斯托克利·卡迈克尔
很久以前，年轻的斯托克利·卡迈克尔是金的"学生非暴力协调委员会"（SNCC）忠诚热情的支持者。但与其他年轻成员一样，他最终对运动的缓慢进程感到很沮丧。他要继续冒险，并大力宣传"黑人的力量"一词，但该词却被金描述为"一个令人遗憾的选词"。

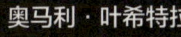

奥马利·叶希特拉
叶希特拉（原名约瑟夫·沃尔）就像马尔科姆·X一样，反对金的种族融合观点。他认为美国（甚至全世界）只有在黑人至上条件下建立一个新的非洲裔国家才能繁荣。他一直参与暴力抗议活动，但与马尔科姆·X不同，他从未放弃那些种族至上主义观点。

刺杀 1968年4月4日

从汽车旅馆阳台上的漫步，到一个始料未及的刺客的逃亡，我们将解开民权领袖谋杀事件的来龙去脉。

截至1968年4月，马丁·路德·金和民权运动的很多目标都已达成。就在两天前《民权法案》已经签署生效，保障所有公民居住权的《公平住房法案》也即将生效。种族平等很快将变为现实，并通过电视台和广播电台的电波传遍世界各地。在对抗传统的紧张局势和国内动荡的行动中，金一直以和平主义胜利者的姿态出现。因此，金稳操胜券，前往孟菲斯进行最后一次登顶。

❶ 15:30
当天早些时候，曾服过刑的詹姆斯·厄尔·雷借助当地的电视新闻和报纸确定了金将入住哪家旅馆。大约下午3点半，他在洛林汽车旅馆对面破旧的贝蒂布鲁斯特寄宿房中租下了5B室。随后雷出门以41.55美元的价格从当地商店购买了一副双筒望远镜，然后回到房间，从寄宿房选取有利位置监控。他选取公共浴室中的一个位置作为狙击位，等待金的出现。

❷ 17:30
这是田纳西州孟菲斯一个温暖宜人的夜晚。马丁·路德·金前一天在梅森主教会堂发表了标志性的演讲《我已登上了顶峰》后，便和随行人员及一批民权运动成员住进了这个摇滚的发源地。金住在洛林汽车旅馆，那是孟菲斯市中心马尔贝瑞街上的一座两层建筑，他在布拉夫市时也会选这家连锁旅馆。他刚刚收拾好，准备与当地牧师比利·凯尔斯一起吃晚饭。

❸ 18:01
金入住了306室，他刚刚刮完胡子（因为跟凯尔斯热聊耽搁了一些时间）。一群民权运动成员（詹姆斯·贝弗尔、昌西·埃斯克里奇、杰西·杰克逊、何西·威廉姆斯、安德鲁·杨和驾驶员小所罗门·琼斯）在一辆白色的凯迪拉克车前等候。金擦净剃须粉，走出阳台。一声枪响，击中金的面颊。已走到室外楼梯中间的凯尔斯听到枪声，冲回金的房间。

❹ 18:01
詹姆斯·厄尔·雷一击命中后，开始准备离开。他将高速步枪、双筒望远镜、一台小型收音机和一份报纸放进一个盒子里，然后用一条绿色旧毯子包裹起来。马尔贝瑞街和周边地区已经陷入一片混乱。枪声很响，大家都知道金就住在马路对面。雷将包好的盒子放在寄宿房旁边的卡尼佩游戏店外面。他迅速走向附近的汽车，即一辆白色的野马，并在警察到达时开车离开。

杀人武器

在1968年那个死亡之夜枪响后的几分钟内，孟菲斯警方发现了一支雷明顿760型"游戏大师"步枪（高速步枪），几枚没用过的子弹，还有一捆其他物品。莫名奇妙的是，步枪不是在狙击点找到的，而是被遗弃在金所住的洛林汽车旅馆对面的卡尼佩游戏店外面。但是，对这把步枪是否真的是实际刺杀武器，联邦调查局和当地警方做出的报告存在分歧。有人指出，从金的遗体上找到的子弹与所称的刺杀武器不符。

▲ 众议院代表沃尔特·爱德华·方特洛伊手里拿着射杀金的步枪。

▲ 洛林汽车旅馆用红白两色花环标记了金被暗杀的地点。

▲ 在贝蒂布鲁斯特寄宿房一层，詹姆斯·厄尔·雷就是从这个窗口射出了杀死马丁·路德·金的那一枪。

▼ 民权运动领袖安德鲁·杨（左）和其他人在洛林汽车旅馆的阳台上指着枪击的方向。受了致命重伤的马丁·路德·金躺在他们脚边。

审判与结局

整个美国处在震惊与哀痛之中,
全世界也将目光转向这个开枪的人。

射出夺走马丁·路德·金生命的子弹后,詹姆斯·厄尔·雷将步枪和其他增效装置装在一个盒子里,用旧布包好,逃离了他一直用来跟踪金的寄宿房。当金躺在洛林饭店的一楼撒手人寰时,雷将包好的盒子扔到附近的游乐厅外,跑进他的白色野马车,飞驶出孟菲斯。

在随后的日子里,雷以雷蒙·乔治·斯尼德的假名获取了加拿大护照,并在安大略市避难。联邦调查局发布了逮捕令,并将他加入臭名昭著的"一级通缉令"名单,同时在他所有已知的别名后都添加了"全境通缉"(APB)字样。两个月后的6月8日,当他试图离开英国时,值机人员注意到"斯尼德"这个名字列于加拿大皇家骑警警示名单中。机场官员还发现了雷以另一假名持有的第二本护照。

雷当即被捕,几天后被引渡回美国。他逃亡的两个月以来,联邦调查局开始了当时该局历史上最为昂贵的调查。国际社会对这位非暴力斗士

雷的杀人动机是什么?

1 雷有种族主义倾向
雷出生在伊利诺伊州,后来和家人搬到密苏里州的鲍灵格林市,这座城市聚集着大量三K党成员。据报道,雷被三K党激进强势的观点吸引,很小时就接受了种族主义观点。正是这些从贫穷与罪恶的生活中滋生的观点,可能驱使雷杀害了美国历史上一位最杰出的非洲裔美国人。

2 他过去是而且一直是穷人
有些人认为雷的一个杀人动机可能单纯是经济上的。他出身贫苦,一生大部分时间都在温饱线上挣扎。雷无法通过教育取得成功,因此他的少年和成年时期混杂了轻微犯罪和监狱的魔咒。雷笃信的神秘人物"拉乌尔"(曾雇用他进行暗杀)很有可能会付钱让他开枪。

3 他想出名
雷的大部分人生都默默无闻。他出生于赤贫之中,几乎没有通过教育获得任何才能,犯罪之后目标和信念扭曲。雷很可能知道,金的死亡将引起全球媒体的关注,他希望通过做刺客获得令人生畏的名人效应。

最终，我们不会记住敌人的恶语相向，却记住了朋友的无动于衷。

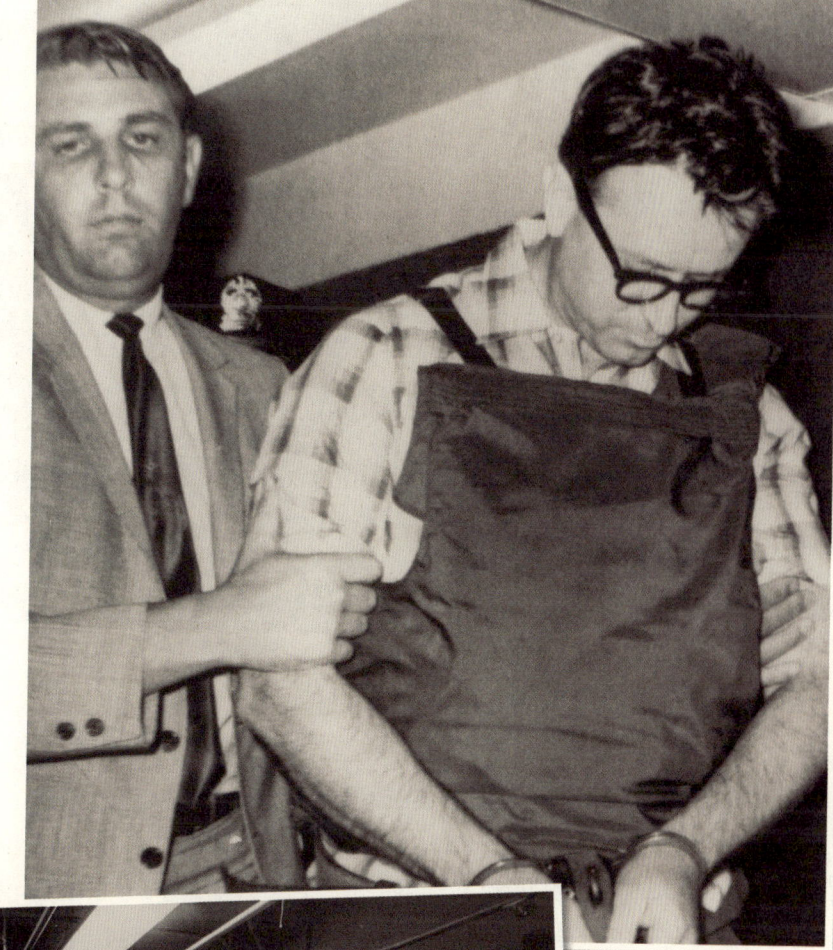

▶ 1968年7月19日，詹姆斯·厄尔·雷抵达田纳西州的孟菲斯后，被警长威廉·莫里斯带进牢房。

▼ 1968年4月8日，工人们通过一个便携式收音机收听马丁·路德·金的葬礼。

▲ 金被暗杀后，示威者聚集在白宫外。

遭到无情杀害表达了强烈抗议，因而对雷的自发搜捕活动已遍及五个国家。如今，随着雷最终被拘禁，司法程序就可以启动了。

那么指控雷的案件情况如何呢？当局是否有确凿的证据证明他参与其中？实际上，起诉书上完全是间接证据，但所有这些都将雷置于谋杀现场。用来击杀金的步枪枪身上有雷的指纹，他当天早些时候购买的双筒望远镜和他读过的那份用以获取金的行踪信息的报纸上也有他的指纹。

为了避免被判死刑，雷最初全部招认，但三天后他却撤回了自己的有罪供词。根据雷的说法，有一个叫"拉乌尔"的神秘人物（雷曾在加拿大见过他）精心策划了全过程，他指导雷购买了一支步枪，并在贝蒂布鲁斯特寄宿公寓中预订了一个特别的房间。除了雷的证词，没有找到任何证据证实这样一个人。根据雷的案底，控方确信雷就是杀害金的凶手。

然而是什么使他成为杀手的呢？雷从十几岁起就一直是个惯犯。他胆大妄为，但他的事业基本上都不成功，他因多次武装抢劫和盗窃留下累累案底。他曾多次逃出监狱，在金被枪杀前一年他还从密苏里州监狱逃出去闲逛了一番。雷敢舞刀弄枪，人们说他无法无天。但他过去从未犯过谋杀这样的重罪。毋庸置疑，他是个小毛贼，那么怎么就成杀手了呢？

雷坚决否认是他枪杀了金（他一直坚持这个立场，直到1998年死去）。但是就凭借这些间接证据——也包括指认雷从现场逃离的目击者证词——雷被判对金的谋杀罪名成立，入狱监禁99年。

那么，雷为什么仅凭这么少的证据就被定罪了呢？关于本案的内部阴谋论盛行已久，但有一个事实很明确：必须有人对此案负责。5年前，总统本人也被类似的方式枪杀。暗杀事件拍成电影后，在所有人的脑海中留下不可磨灭的印象，全国都为这种简单野蛮的暗杀行为感到震惊。肯

▲ 华盛顿特区的一座建筑被骚乱者毁坏后，一名士兵在街头站岗。

尼迪跟金一样，风度翩翩，备受欢迎，他在光天化日之下被暗杀激发了美国民众对正义的深切渴望。

肯尼迪被刺是冷战时期一个令人震惊的转折点，金的遇害同样令人震惊，但也使全国人民在悲痛之中团结起来。他的离世并没有平息更为激进的民权运动分子带来的暴力，但确实加速了通往平等的脚步。他去世3个月后，《民权法案》签署生效，最终消除了种族隔离，确保了每个公民的宪法权利不受非法迫害。

阴谋论
很多人仍确信一定还有更多不为人知的秘密。

神秘的"拉乌尔"

雷一直坚称是一个名叫"拉乌尔"的人雇用了他。拉乌尔显然是在加拿大认识他的，并和他一起去了孟菲斯，以监控这次枪击。联邦调查局驳回了这一说法。但1998年一名退休的联邦调查局特工透露，他在雷的车上发现了几张纸片，上面提到了这名嫌疑人。

劳埃德·乔尔斯下令出击

还有一种论调甚至没有将雷作为杀手。该论调以劳埃德·乔尔斯为中心，因为他曾经从金下榻的洛林汽车旅馆出来横穿马路进入吉姆烧烤吧。1993年，乔沃斯声称孟菲斯的农产品经销商弗兰克·利伯托曾付给他10万美元雇了一名杀手，但那名杀手不是雷。

政府的黑手

根据雷的最后一位律师威廉·佩珀的说法，美国政府是幕后黑手。他在《马丁·路德·金谋杀案背后的真相》一书中声称，为消除金的影响力，政府雇用了一名黑手党杀手，中央情报局、联邦调查局和陆军情报部门都参与了策划，却诬陷了毫不知情的雷。

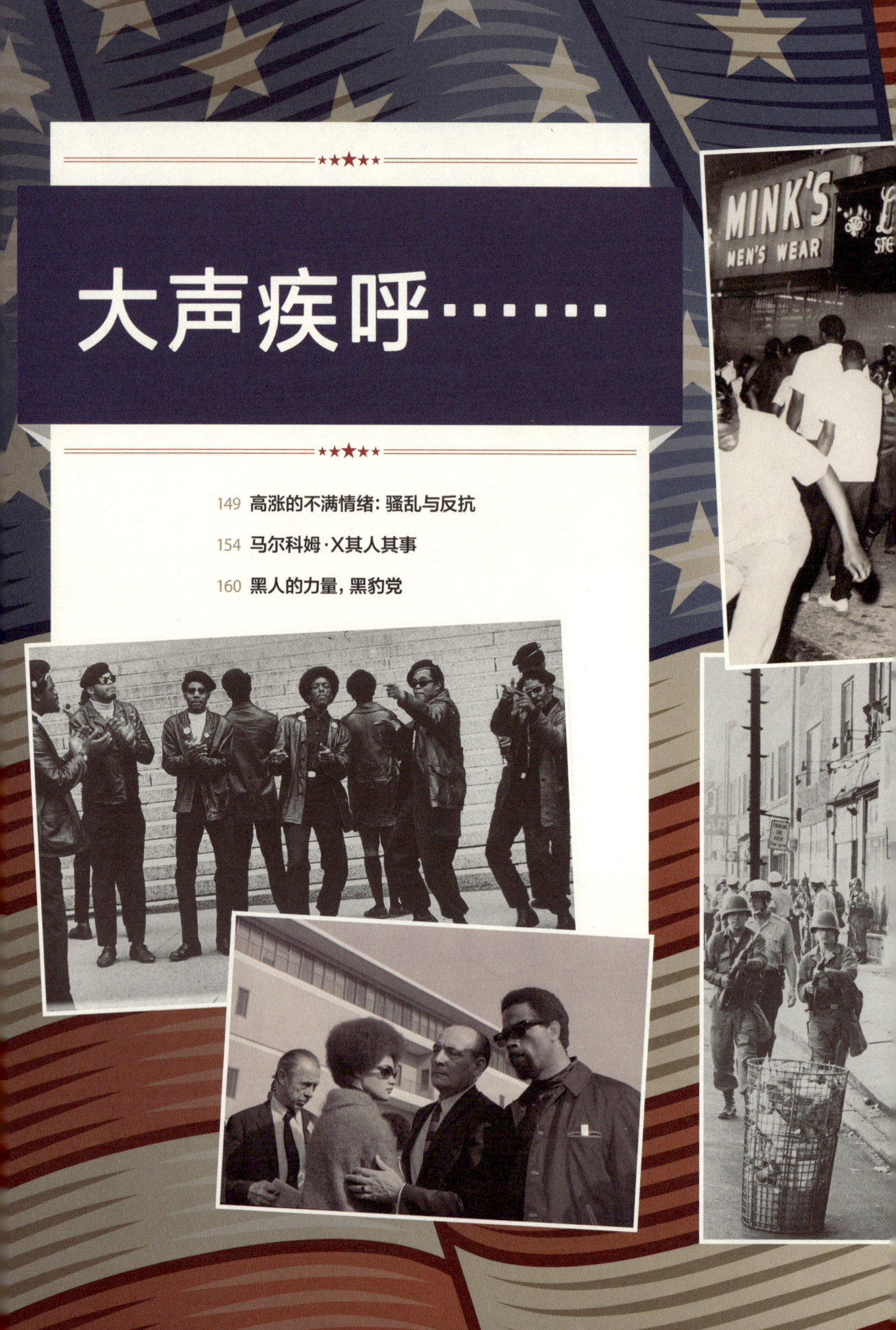

大声疾呼……

- 149 高涨的不满情绪：骚乱与反抗
- 154 马尔科姆·X其人其事
- 160 黑人的力量，黑豹党

历史的瞬间
1965—1968

1965年2月21日
马尔科姆·X 被暗杀

当卓越的民权活动家、牧师马尔科姆·利特尔,即我们所熟知的马尔科姆·X到访曼哈顿的奥杜邦舞厅向非洲裔美国人团结组织发表演讲时,从400名观众中走出3个人,向他的胸膛开了21枪。这是一个令人震惊的时刻,对马尔科姆·X曾积极投身的民权运动来说是一次飞来横祸,这次有预谋的暗杀不是种族仇杀,而是出于宗教原因。

多年来,他曾多次公开谈到针对他的未遂暗杀。事实上,就在此处枪击案一周前的一个晚上,他家就遭到过炸弹袭击。他知道自己是个争议人物。他身居高位,极力倡导泛非主义,主张结束种族主义,不管这样是否使自己面临危险。马尔科姆·X遭遇的仇视主要来自伊斯兰民族的成员,因为他对反白人的宣传幡然悔悟后离开了该组织。从麦加朝圣回来之后,他组建了非洲裔美国人团结组织,宣称种族主义思想是真正的敌人,而并非所有白人。

因此,他在曼哈顿发表演讲的时候,3名伊斯兰民族的成员(诺曼·3X·巴特勒、托马

1965年8月11日
沃茨暴乱
一位非洲裔美国司机因涉嫌危险驾驶被警察拦停,该司机一家人与几名警察之间很快爆发冲突。该事件的新闻传播开来,仅在几个小时里,洛杉矶的沃茨地区就陷入骚乱和劫掠之中。混乱中共有34人丧生,3500人被捕。

1966年5月
斯托克利·卡迈克尔改组SNCC
卡迈克尔就任学生非暴力协调委员会(SNCC)主席后,借机推动尚未引起主流关注的一项事业,即"黑人的力量"运动。卡迈克尔认为非暴力是一种策略,而不是核心原则,这最终使他疏离了马丁·路德·金等其他民权主义者。

1966年10月15日
黑豹党成立
黑豹党在世界各地落地生根之前(远在英国和阿尔及利亚都出现其分支),是一支平民武装力量,负责监视奥克兰警察局及其对非洲裔美国人的暴行。有人认为,该组织既具有革命性又具有浓厚的社会主义色彩,运作了近20年。

> 马尔科姆·X家在纽约的皇后区，就在他被暗杀的一周前曾遭到炸弹袭击。

▲ 马尔科姆·X曾经是一个愤怒的激进青年，后来出于争取美国种族平等的需要，表现得更为平和。

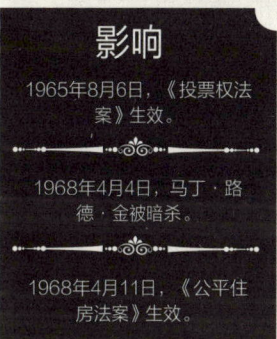

根源

1957年4月26日辛顿·约翰逊事件。

1964年2月，伊斯兰民族威胁马尔科姆·X。

1964年7月2日，《民权法案》生效。

影响

1965年8月6日，《投票权法案》生效。

1968年4月4日，马丁·路德·金被暗杀。

1968年4月11日，《公平住房法案》生效。

斯·15X·约翰逊和塔尔米奇·海耶）带着一支锯短了的猎枪和两把自动手枪潜入人群。他们制造骚动引开了马尔科姆·X保镖们的注意力，而后3人同时向马尔科姆开火。他很快便被宣告死亡。海耶遭人群痛打，3人最终被逮捕。1966年3月，他们被控谋杀罪，被判处终身监禁。因为凶手的残忍行径，公众对马尔科姆的遇害表达了强烈的愤慨，但很快大量贬低他的人便提醒民众，马尔科姆自己也是一个暴力的激进分子。

1967年6月13日
瑟古德·马歇尔就任最高法院大法官
1967年夏日的这一天对美国司法界来说是具有里程碑意义的一天，因为瑟古德·马歇尔接受林登·约翰逊总统的任命，成为美国最高法院漫长历史上的第一位非洲裔大法官。瑟古德依然与美国全国有色人种协进会（NAACP）保持着密切的联系，数十年来一直担任其首席法律顾问。

1968年4月11日
1968年《民权法案》
该法案往往指《公平住房法案》，是《民权法案》的修订版，旨在拓展《宪法第14修正案》和《宪法第15修正案》的适用范围，增强对少数族裔居住、租赁等平等权利的保护。这是民权运动意义最重大的胜利成果之一。

1968年10月16日
墨西哥奥运会向黑人力量致敬事件
非洲裔美国运动员汤米·史密斯和约翰·卡洛斯在墨西哥城奥运会上分别赢得金牌和铜牌，但媒体并未报道他们的优异表现，而是报道他们在领奖台上的姿势。在全球电视转播镜头下，两名运动员举起戴着黑色手套的拳头，公开表达对"黑人的力量"运动的坚定支持。

高涨的不满情绪：骚乱与反抗

《民权法案》的通过并未结束种族间的紧张状态。
20世纪60年代中晚期，被剥夺公民权的年轻人更加暴怒，
在全国各地不断掀起骚乱。

★★★★

20世纪60年代初期，轰轰烈烈的民权运动成功推动了1964年《民权法案》和1965年《投票权法案》的签署，结束了种族隔离状态，在法律上保证了黑人的选举权。一位著名学者认为，虽然民权运动明确地朝正确方向迈进了一步，但对许多黑人来说，这些胜利似乎有些空洞，甚至是"虚幻的"。

新法颁布对于美国北部和西部的非洲裔美国人而言，几乎没有产生什么实质变化。在过去的几十年中，大部分从南方迁徙而来的人都是受战时工作的吸引，而现在这些工作正急剧减少。与此同时，剩下的行业和许多中产阶级白人也迁移到了郊区。他们撤离后，城市中心演变成缺乏投资、优质学校和有效公共服务的黑人贫民窟。

此外，这些地区的警察和消防部门仍几乎清一色是白人，许多城镇都采取遏制政策而不是疏导性的控制政策维持治安，只要还没蔓延到白人居住区，他们便对黑人城区的犯罪视而不见。民权运动虽然取得了那么多成功，但大多数年轻黑人仍在经济上面对着黯淡的未来，城市区域的动荡仍在继续。

后来，从1964年开始，这种动荡开始演变成暴力。纽约市哈莱姆区爆发了第一波严重的骚乱，随后是持续6天的暴力事件，并蔓延至附近的贝德福德-斯图维森特。大约8000名暴乱者走上街头，1人被杀，118人受伤，465人被捕。

种族暴乱在美国并不是什么新鲜事，20世纪60年代前，白人为对抗种族融合就曾发动过暴乱。例如，回溯到1866年，田纳西州孟菲斯发生的种族暴乱就是由三K党造成的暴乱

> 1965年8月的洛杉矶沃茨暴动中，有价值4000万美元的财物遭到毁坏。

之一。当然，1960年前有些动荡是由黑人发起的，最著名的是1935年与1942年的哈莱姆暴乱，两次暴乱的爆发都是为了申诉警察的残暴。1964年的哈莱姆再一次发生同样的事件，起因是托马斯·吉里根中尉开枪杀死了15岁的詹姆斯·鲍威尔。

马丁·路德·金曾说："暴乱是一种听不见的语言。那么美国没有听到的是什么呢？它没有听到，自由与公正的承诺仍未兑现。它没有听到，白人社会的大部分人更关注平静的现状，而不是公正、平等与人道。"

当政治路径关闭之时，人们便转向暴力对

底特律：摇摇欲坠的都市

1967年7月23日晚，在底特律第12街（现名为罗莎·帕克斯林荫大道）的一段路上，市政警察突袭一名非洲裔美国饮酒者，引发了美国历史上最臭名昭著的骚乱。

该街区是第二次世界大战后城市巨变的缩影，白人和犹太人中产阶级迅速移居到城市西北部后，很多黑人家庭占据了他们原来的住所。该街区有大量"地下"酒吧为黑人社区提供服务。威廉·斯科特拥有的酒吧长期以来一直是警察突袭的目标。

该市的种族紧张状态已经攀升至高位。6月，一个黑人越战老兵被枪杀。7月1日，一个黑人妓女也被枪杀，犯罪嫌疑人是一个不当班的白人警察。7月23日，警方突袭威廉·斯科特的地下酒吧时，冲散了为另一位越战老兵举办的聚会，一群当地民众聚集起来抗议这次抓捕。当警方强行驱离抗议者时，暴力冲突爆发，很多当地商铺被洗劫，很多车辆被烧。

对于一个已经处于崩溃边缘的城市来说，这就是点燃火种的火花，整个城市爆发了骚乱。暴徒用砖块和石头砸过来，警察和消防队员毫无还手之力。市长召集国民警卫队来平乱。骚乱持续了5天，导致7200人被捕，1200人受伤，有43人死亡，其中33人是黑人。

▲ 市长杰罗姆·卡瓦纳召集国民警卫队，以遏制底特律暴徒。

抗，随后的几年暴力动荡的局面摧毁了城市的面貌。自1965年起，民众暴力事件蔓延全国，罗切斯特、泽西城和费城在随后几个月里遭到重创。

1965年8月，一位巡警以涉嫌酒后驾驶为由拦停了黑人司机马切特·弗莱的车，在洛杉矶沃茨区惹出麻烦。弗莱被要求下车，而后两个武装警察与他扭打在一起，这时愤怒的人群聚集起来。人们很快便在积聚的怒火中爆发了。

这里与前一年纽约哈莱姆区的情况一样，沃茨的居民已经困顿压抑太久了。他们不信任白人警察，因为白人警察行为粗暴，但免于受罚；他们缺少工作和受教育的机会，公共服务设施不足，很多家庭被迫挤在破旧的公寓里。

> 1967年的底特律暴乱动用了9000名国民警卫队员、800名密歇根州警察和近5000名空降兵。

马切特·弗莱事件是压垮骆驼的最后一根稻草，他的被捕引发了持续5天的暴乱、焚烧和抢劫，暴乱者扫荡了洛杉矶中南部130多平方公里的范围。他们洗劫商店，焚毁建筑并攻击白人。狙击手从窗口和屋顶向警察和消防员射击。直到8月16日，加利福尼亚州州长动用国民警卫队，暴乱才渐渐平息。硝烟散尽，暴乱中有34人遇难，1032人受伤，近4000人被捕。

沃茨暴乱是过去20年间美国最严重的城市暴乱，预示了美国未来的走向。种族间的紧张状态在所谓的"1967年夏天贫民大暴动"中冲破了临界点。在那生死攸关的一年，当热爱和平的学生正在西海岸享受"浪漫的夏日时光"时，种

《科纳报告》

7月末，林登·约翰逊总统下令成立一个委员会，调查1967年的暴乱事件，找出阻止暴乱再次发生的办法。调查结果形成了一份文档，1968年3月以"科纳报告"的名称出版，该报告以大胆的措辞指出："白人种族主义应该为'二战'结束以来在我市累积的争议和问题负责。"

报告继续表明，在就业、教育、住房等方面蔓延的种族歧视和种族隔离导致了大量黑人贫民窟的形成。"长久以来种族歧视和种族隔离渗透到美国生活的诸多方面，"报告写道，"这些问题已经威胁到了每一个美国人的未来。"

报告进一步写道："种族隔离与贫困造成了种族贫民窟，那是对大多数美国白人来说完全不了解的有害环境。"报告认为："我们的国家正在分化成两个社会，一个黑人社会，一个白人社会——隔离但平等。"但是，局面尚未不可收拾。报告提出建议之前声称："这种加剧的种族分裂并非不可避免，因为这些建议和举措可以改变正困扰贫民窟的失败与沮丧的体系。"尽管还未等主要改革就位便爆发了圣周起义，但该报告仍受到广泛赞扬。

▲ 约翰逊总统组建1967年暴动调查委员会。

族暴乱肆虐了全美近160个城市。破坏最严重的暴乱发生在新泽西州的纽瓦克市，最臭名远扬的暴乱发生在密歇根州的底特律（见"底特律：摇摇欲坠的都市"的插叙）。甚至连马里兰州剑桥镇这样的小地方也处在动荡之中。

> 2017年，《拆弹部队》的导演凯瑟琳·毕格罗将"1967年底特律暴乱"搬上了好莱坞荧幕。

政府与各州政府的执法者对暴乱做了更好的准备，而且严格禁止向抢劫者开枪。

正是在20世纪60年代后期这种动荡的背景下，"黑人的力量"运动顺势而动。马丁·路德·金是和平抵抗与非暴力抗议的主要倡导者，他的遇害使很

一名警察在纽瓦克拦停了黑人出租车司机约翰·史密斯的车，在附近住宅工地工人的围观下，警察痛打了他一顿，冲突爆发。就像很多城市的警方一样，纽瓦克的警察在黑人社区中也有滥用暴力的恶名。当警察杀死了史密斯的不实谣言传播开来的时候，大量人群聚集到警察局外。

很多人主张和平抗议，但骚乱很快便在人群中爆发，人们开始向警察局投掷石块和汽油弹。不久，全面暴乱便充斥整个市区，抢劫、纵火和种族间暴力冲突持续了5天时间。跟1965年沃茨暴乱的做法一样，国民警卫队被召集过来平乱。暴乱中有26人被杀害，700多人受伤，1000多人被捕。

如果地方当局认为1967年暴乱已达内乱的顶点，就大错特错了。接下来的一年，在马丁·路德·金遇刺后，又一波更为猖獗的暴乱席卷全国。1968年4月4日金的遇害引发了所谓的"圣周起义"，这是内战以来爆发的波及范围最广的社会动乱，在华盛顿特区、巴尔的摩、芝加哥、堪萨斯城、底特律、纽约、匹兹堡和辛辛那提等地都爆发了大规模骚乱。

总计有36个州及哥伦比亚特区遭遇打砸抢烧与狙击手袭击。44个城市蒙受了10万美元的财产损失。58000多名警卫队员和当地驻军及警力试图平乱。有40人丧生，约2600人受伤，21000多人被逮捕。虽然暴乱波及的城市比1967年多，但实际的死亡人数更少，因为联邦

种族暴乱肆虐全美近 160 个城市。

多非洲裔美国人幡然醒悟，渐渐认为暴力抵抗才是当今前行的唯一方式，并大力支持"黑豹党"之类的分裂主义组织采取武力方式对抗政府。到了1968年底，金的梦想对很多幡然醒悟的年轻人来说已经不再受欢迎了。

▼ 在"1967年夏天贫民暴动"中，底特律街头一个黑人的示威活动演变成一场种族暴乱。

马尔科姆·X
其人其事

在民权运动的喧嚣中挑战种族与宗教传统的政治活动家

★★★★

马尔科姆·利特尔出生于1925年5月19日,这个鼓舞了一代又一代人的斗士第一眼看到的城市,因持续的种族间紧张状态而名誉扫地。回溯到19世纪40年代,内布拉斯加州最大的城市奥马哈有黑人和白人的冲突史,随着城市的发展,这一矛盾也随之加剧。奥马哈设有全国有色人种协进会的分部,也是非洲裔美国人民族主义运动组织——世界汉密尔顿联盟的大本营。同时,这座城市和这个州都与三K党联系紧密。这里是种族斗争的温床,而马尔科姆家就在温床的中心。

马尔科姆的父亲厄尔·利特尔在非洲裔美国人社区是一个坦诚直率的人,在族内兄弟姐妹发生争端时,他总是直言不讳地表达自己的观点。作为世界黑人进步协会的地区领导人,他公开地表达自己的信念与立场,这样的思想方式潜移默化地影响了他的全家。厄尔是黑人社区的杰出人物,常常与当地社区的白人(也包括三K党)发生冲突。他在逆境中如此不屈,以至于三K党曾经扬言要杀掉他的全家。利特尔一家别无选择,只能逃跑,小马尔科姆被带到密歇根州的兰辛,开始了新生活。

但是,由于厄尔与黑色军团(由三K党分裂出来的组织,以对少数族裔极端暴力而知名)发生过冲突,他们的新生活并没有什么和平可言。1929年,利特尔家的房子被烧毁,幸好一家人基本毫发无损地逃脱了,但是厄尔确信是黑色军团在背后搞鬼。就在两年后,厄尔在兰辛街头被一辆有轨电车撞死。警察的官方报告说这是一起意外,但是马尔科姆的母亲坚信丈夫是被谋杀的。这个念头伴随了她的一生,并最终导致她的心理健

> 马尔科姆·X节是一个美国假日,或者在5月19日(他的生日),或者在5月的第三个周日。

从麦加朝圣回来后,马尔科姆·X给自己取了个别名"艾尔-哈依·马利克·艾尔-沙贝兹"。

尽管马尔科姆成绩出色,但他认为自己没有机会在白人控制的世界中取得成功。

马尔科姆·X 的人生节点

为学生维权
1951年,黑人学生和全国有色人种协进会(NAACP)的成员开始抗议全国各地学校、学院和大学中白人和黑人青年之间持续的种族隔离现象。经过4年法律斗争,美国最高法院裁定,种族隔离"对有色儿童产生了不利影响"。

蒙哥马利公共汽车抵制行动
一个15岁非洲裔美国学生拒绝将座位让给白人乘客的事件发生9个月后,民权活动家罗莎·帕克斯也做出了同样的举动。她因此被捕并被控不合作,她的同道活动家们(包括马丁·路德·金牧师)开始在阿拉巴马州蒙哥马利市抵制乘坐当地的公共汽车。

小石城解除种族隔离
1957年9月,阿肯色州的小镇小石城成为全国瞩目的新闻焦点。9名上诉获得在种族融合学校就读权利的非洲裔美国学生发现,国民警卫队等候在门口阻止他们进入学校。命令是由阿肯色州州长奥瓦尔·法乌博斯下达的,后来在艾森豪威尔总统的干预下,法乌博斯被迫撤兵。

"自由乘车"运动
"自由乘车"运动是民权运动意义最为重大的宣言活动之一。该行动发起于1961年,参与人是一些白人和黑人社会活动家,他们乘坐跨州的公共汽车以挑战深南部一直延续但明显违宪的公共汽车种族隔离制度。

《1964年民权法案》
在多年抗议、示威与法律行动后,社会政治变革的车轮终于在20世纪60年代中期开始转动。约翰·肯尼迪总统遇刺前多次尝试推动这样的立法,但遭到一些参议员的百般阻挠。他的继任者林登·约翰逊最终竭力将其通过,并于1964年7月2日签署生效。

▲ 林登·约翰逊总统签署《民权法案》——这是一项彻底改变美国的立法。

康恶化。对于年轻的马尔科姆·利特尔而言,这是20世纪初期二三十年间有色人种现实生活给他的一种鲜明的教育。

在随后的几年中,利特尔一家继续作为二等公民生活在种族隔离之中。没有了厄尔的协调,这个家庭陷入了举步维艰的境地,为了生存,马尔科姆和他的兄弟们被迫到周围的林地里狩猎。对于任何一个孩子来说,这都是艰辛的生活,但是马尔科姆现在已经十几岁了,他很快就成长为一名勇敢无畏的年轻人。一家人努力渡过难关,但1937年悲剧再次降临,他的母亲路易丝罹患精神疾病,这极大打击了本已支离破碎的利特尔一家。当一名老师指出,他要成为一名律师的愿望"对黑人来说是很不现实的目标"时,他很快就辍学了。尽管马尔科姆成绩出色,但他认为自己没有机会在白人控制的世界中取得成功。兰辛再也没有什么值得留恋的了,他慢慢地沉沦,陷入轻微犯罪的泥潭,不久之后便涉足了毒品交易、敲诈勒索、盗窃等罪行。他在这种简单直接的暴力行为中迷失了自己,犯罪的次数越来越多,也不断变得更加大胆、危险。最终,由于盗窃的次数累积太多,马尔科姆被捕并因盗窃罪被判入狱8至10年。

带着青少年时期留下的愤怒与苦涩,这位未来的民权运动领导人正处在人生的十字路口上。服刑期间,他接触到了新宗教运动伊斯兰民族(NOI)领导人以利亚·穆罕默德的教义。其核心思想是致敬自己的非洲血统并建立一个黑人自力更生的社区,这给马尔科姆很大的鼓舞,并使其发生转变。1950年,他放弃了自己的姓氏,将其改为字母"X",同年联邦调查局也建起了他的档案。这个字母"X"用以象征那些被迫与非洲心脏分离的不知名奴隶。

1952年从监狱获释后,马尔科姆前往芝加哥面见那位伊斯兰民族领导人。在监禁期间,他俨然已经成为大胆直率的伊斯兰民族新成员,以利亚·穆罕默德也很期待见到这个勇敢无畏的年轻人。马尔科姆的睿智和坚韧给穆罕默德留下了深刻印象,他马上将马尔科姆晋升为助理牧师。如今马尔科姆在运动中拥有了更高的地位与更大的影响力,联邦调查局也增强了对他的监控,关注视角也从他与潜在的共产主义的联系转向他在伊斯兰民族的迅速崛起。但对他的同伴来说,他是一股新鲜的空气,他是一个从不畏惧直视种族主义者眼睛的人,他敢于谴责种族主义霸道专横的观点。

> 马尔科姆20岁时被判盗窃罪,入狱服刑。

现在的伊斯兰民族因其激进的观点而争议颇大。其牧师宣扬黑人是在各方面都优于白人的世界一等民族。民权运动组织为摧毁种族隔离制度而斗争,伊斯兰民族也积极为此而努力。马尔科姆·X在约翰逊·辛顿事件后已成为公众视野中的名人。警察袭击黑人穆斯林辛顿之后,马尔科姆带领2000人来到警察局要求予以医疗救助;当要求得到满足的时候,马尔科姆只动了动嘴,抗议的人群便和平散去,这是他实力日益增强的表现。他也利用自己强大的媒体形象公开谴责其他民权运动只通过非暴力抗议表达诉求,他表示:"如果非暴力意味着我们继续推迟解决美国黑人面临的问题,那么我支持暴力,目的就是为了避免暴力。"对美国白人和非洲裔美国人社区中与其意见相左者来说,马尔科姆"采取一

▲ 马尔科姆·X被害现场墙上的弹孔(标记处),当时他正在对非洲裔美国人团结组织成员演讲。

民权运动

马尔科姆·X前往麦加朝圣的那几年中,逐渐形成自己的思想和信念,而早于他回到美国的非洲裔同伴则正处在一场社会和政治革命的悬崖边上。自1863年亚伯拉罕·林肯颁布《解放奴隶宣言》以来,美国黑人已经赢得了人身自由,但他们仍未获得长期享有基本公民权利的资格。1954年到1968年掀起的民权运动将永远改变美国的社会结构。

近百年来,非洲裔美国人从法理上说是自由的,但仍被看作二等公民,黑人与白人的种族隔离非常普遍,从学校、餐厅到咖啡馆,已经充斥于每个角落。人们的沮丧与挫败感点燃了民权运动的熊熊烈火,这场群体运动唯一的目标就是终结种族隔离制度,使非洲裔美国人获得宪法赋予的公民权利。这场运动中既有非暴力抗议,也有公民不合作的斗争,还有以保护南方非洲裔美国人家庭为使命的全国有色人种协进会北卡罗来纳分会的半军事化形式。

民权运动有很多著名的代表人物,如马丁·路德·金、罗莎·帕克斯、安德鲁·古德曼和马尔科姆·X本人,等等。他们中间有很多人在追求自由的过程中献出了宝贵的生命,他们的努力促成了1964年的《民权法案》与1965年《投票权法案》。

切必要手段"的张扬做法使他成为一位强势的煽动性人物。

马尔科姆将约翰·肯尼迪总统被暗杀形容为美国白人的"咎由自取"后,伊斯兰民族暂停了马尔科姆的工作,以便远离他的公开言论引起的全国抗议。伊斯兰民族领导人以利亚·穆罕默德也对马尔科姆在该组织中的知名度感到担忧,担心自己的领导人资格很快就会受到挑战。不久之后,马尔科姆宣布离开该组织。

马尔科姆离开伊斯兰民族后发表了《选票还是子弹》的著名演讲,演讲中他强调非洲裔美国人行使投票权与追求全面平等的必要性。马尔科姆敦促黑人社区拿起武器的同时,并未鼓动他的兄弟姐妹去攻击白人。他觉得政府并没有积极保障民众免受攻击,因此认为民众应该武装自己,保护自己的生命,直到政府愿意承认问题并保护民众。在这一阶段,马尔科姆已经皈依伊斯兰教规模最大、最大众化的逊尼派。

一个月后,即1964年4月,马尔科姆离开美国前往麦加朝圣。他在那里顿悟并最终明白了伊斯兰的信仰是为了什么。信仰不是拒人千里之外的铠甲,而是团结世界人民的纽带。自从在狱中投身伊斯兰民族以来,这是马尔科姆思维方式的最重大转变,显然也是决定他命运的转变。

回到美国之时,马尔科姆已经成了与伊斯兰民族誓不两立的敌人。尽管驱动他的核心目标仍是实现非洲裔美国人的平等权利与宪法框架下的安全,但他秉持的实现方式已经发生了变化。他吸纳了逊尼派的和平信条,宣扬不分种族、宗教或背景的所有美国人团结起来共同达成平等目标的重要性。在之后的12个月里,他的妻子和6个女儿都生活在不断的威胁之中,但他们都懂得坚持前行的重要。

1965年初,马尔科姆的妻子甚至直接联系联邦调查局,告诉他们,她丈夫面对伊斯兰民族的死亡威胁时拒绝妥协,就在"死亡的边缘"。尽管危险重重,马尔科姆还是不知疲倦地斗争,在全国组织集会、发表演讲。1965年2月21日,马尔科姆在纽约奥杜邦舞厅向非洲裔美国人

> 他劝说拳手卡修斯·克莱皈依伊斯兰教并把名字改为穆罕默德·阿里。

时间轴

历史时刻

● **1925年5月19日**
马尔科姆·X诞生
马尔科姆·利特尔出生在内布拉斯加州奥马哈的大学医院,他在7个兄弟姐妹中排行第4。他的父亲厄尔·利特尔是浸信会的助理牧师,母亲露易丝·诺顿·利特尔是一名家庭主妇。

1931年
马尔科姆的父亲遇害
马尔科姆·利特尔6岁的时候在密歇根州的普莱赞特·格洛弗小学注册上学。同年,他的父亲被高速行驶的电车撞倒身亡。官方报告上说是一场意外,但马尔科姆的母亲认为这是一起谋杀。他父亲直率敢言,曾是世界黑人进步协会的地区领导人,因而盛传是黑色军团的成员策划了这次对厄尔的袭击,以除掉这个骄傲的黑人活动家。他父亲被谋杀前已经投保了寿险,但其家庭从未收到赔偿。

● **1938年—1939年**
露易丝·利特尔患病
露易丝·利特尔与一个当地人约会几个月后怀孕,那个人听说后马上消失,导致露易丝精神崩溃。她在密歇根州卡拉麦祖国立精神病院治疗。

● **1943年**
避服兵役
马尔科姆18岁时来到纽约,被征召参加美军,但有人认为他不适合服役。也有传说,他捏造了一份精神证明避免在"二战"期间应征服役。

● **1946年**
服刑时光
卷入黑社会犯罪集团后,1945年马尔科姆在波士顿及其周边多次入室盗窃。1946年,他被判犯有盗窃罪(非法夺取他人财产),被送往波士顿查尔斯敦州立监狱服刑。

● **1947年**
皈依伊斯兰民族
服刑前期,马尔科姆接触到一个起源于美国的宗教运动"伊斯兰民族"。他受其领导人以利亚·穆罕默德教义的感召,皈依了伊斯兰民族。

● **1953年—1955年**
在美国布道
以利亚·穆罕默德将马尔科姆·X提升到很有影响力的牧师位置,并派他到大量新开设的礼拜堂布道。此后两年间,他在波士顿、纽约和费城传播伊斯兰民族的思想。

▲ 美国针对黑人的种族歧视导致了一场大规模的民权运动。

团结组织发表演讲。突然，有人在400人左右的人群中高喊："黑鬼，把你的脏手从我口袋里拿开！"马尔科姆和保镖走进人群以平息骚动，这时3名男子分别拿着一把截短的猎枪和两把自动手枪向他开火。马尔科姆身中21枪，不久后宣告死亡。

马尔科姆·X过早地离开了这个世界，但他对世界的影响直到今天仍可以感受得到。尽管他的观点经常引起争议，但没有人能否认他在与守旧的体制斗争时表现出的勇气。

历史时刻
1952年
终获自由
马尔科姆因盗窃罪被判入狱8到10年，服刑6年后获释出狱。他已成为伊斯兰民族的坚定追随者，很快引起以利亚·穆罕默德的注意。他与穆罕默德在芝加哥会面，几个星期后他被任命为该运动组织的助理牧师。大概在这一时期他放弃了自己出生时的姓氏"利特尔"，开始使用"X"作为姓氏。也是这个时期联邦调查局为他建立了档案，即他给杜鲁门总统写信反对朝鲜半岛战争之后。

历史时刻
1965年2月21日
曼哈顿的暗杀
1964年马尔科姆前往麦加朝圣，返回后他已不再那么激进了。他开始谴责任何形式的暴力，敦促各肤色种族共同努力争取平等的公民权利。他受到大量来自更为激进的伊斯兰组织的威胁，也包括来自伊斯兰民族成员的直接威胁。他的妻子贝蒂甚至联系联邦调查局，告诉他们她丈夫就在"死亡的边缘"。在准备向非洲裔美国人团结组织在曼哈顿的集会发表演讲时，马尔科姆被愤怒的武装分子射杀。3名凶手被捕并被判处终身监禁。

● **1957年4月26日**
约翰逊·辛顿事件
4名伊斯兰民族成员被纽约警察用警棍殴打。4人被捕后，马尔科姆带着约2000名伊斯兰民族的追随者来到警察局，迫使警方为4人提供医疗救助。该事件登上全国新闻，这是马尔科姆第一次走入公众视野。

● **1958年1月**
马尔科姆与贝蒂结合
1955年，马尔科姆在一次讲座中见到贝蒂·桑德斯。一年后贝蒂加入伊斯兰民族，他们一起去法庭申请将其姓氏改为标志性的"X"。1958年1月马尔科姆通过电话向贝蒂求婚，两天后他们举行了婚礼。

● **1963年12月**
招致恶名
约翰·肯尼迪被暗杀后，记者找到马尔科姆·X，让他对该事件发表评论，他将该事件描述为"咎由自取"。这样的评论引起全国人民的愤慨，他也被禁止代表伊斯兰民族。

● **1964年3月8日**
出走伊斯兰民族
马尔科姆与伊斯兰民族决裂，很快皈依逊尼派。他第一次也是唯一一次见到马丁·路德·金，是他们共同在参议院参与关于民权法案的听证会。在这一时期，他也呼吁如果投票权利得不到保障，非洲裔美国人应拿起武器做好斗争的准备。

黑人的力量，黑豹党

尽管民权运动取得了一定的进步，
但很多美国黑人仍感觉被剥夺了公民权，
这促发了"黑人的力量"社团的崛起
——其中名气最大的就是革命组织"黑豹党"。

★★★★

20世纪50年代到60年代早期,民权运动在争取种族平等方面已经取得了巨大的进步,但直至60年代中期,全美的黑人仍未感到任何实质性变化。数百万人被禁止参政议政,得不到优质教育和就业机会,中产阶级生活方式似乎远在百万英里之外。美国梦并不是他们的现实。由于对现状感到沮丧,许多人转向了"黑人的力量"。

"黑人的力量"一词有很长的历史,也有多种定义,1966年6月演变为"拒绝恐惧大游行"的公众口号后,又呈现出一种颇为特殊的意义。第一位获准到密西西比大学就读的詹姆斯·梅瑞德斯和民权运动英雄马丁·路德·金开始了一次从田纳西州的孟菲斯到密西西比州的杰克逊的孤独游行,呼吁美国黑人注册自己的投票权。同时还另有两人参与其中。

第二天,一个叫詹姆斯·奥布雷·诺威尔的白人狙击手向梅瑞德斯开火,打中了他的肩膀。南方基督教领袖联合会、种族平等大会(CORE)和学生非暴力协调委员会(SNCC)非常愤慨,组织集会声援梅瑞德斯的行动,金的好友斯托克利·卡迈克尔和弗洛伊德·麦基西克也加入进来,最终有数百人一起完成了游行。

"黑色力量运动"的关键人物

休伊·牛顿

黑豹党的共同创始人,曾因杀害弗雷警官而入狱,他被监禁这事成为激进主义者发出集会号召的理由。3年后,他被释放。随着运动的逐渐减少,他开始嗑药,并在1989年的一场毒品交易中丧生。

鲍比·西尔

西尔是黑豹党的共同创始人,因1968年在芝加哥发起暴动而被判入狱4年,1970年他因涉嫌折磨、谋杀黑豹党同伴阿历克斯·拉克雷而再遭审讯。

斯托克利·卡迈克尔

1966年5月斯托克利·卡迈克尔当选非暴力协调委员会主席时,便倡导暴力反抗。尽管他与那些寻求与反帝国主义白人建立联系的其他政党领袖争执不休,但是他最终仍加入了黑豹党。

埃尔德里奇与凯瑟琳·克莱弗

埃尔德里奇·克莱弗和妻子凯瑟琳逃离了警察的骚扰,在阿尔及利亚建立了黑豹党的分支机构。与牛顿分道扬镳后,他们紧接着成立了"革命人民通讯网络"。

罗伯特·F. 威廉姆斯

威廉姆斯的著作《黑人与枪支》详细介绍了他与暴力种族主义共处的经历,以及他在门罗遭到袭击后与民权运动的非暴力派别的分歧。这段文字对牛顿产生的影响很大。

在密西西比州的格林伍德煽动人群高喊:"我们需要黑人的力量!"他因此被捕入狱6个小时。这是该语句第一次用于公共集会口号,卡迈克尔将其用作战斗的呼唤,呼唤用暴力来对抗白人的压迫。这个口号一呼百应。卡迈克尔后来说:"当你谈到黑人的力量,你谈到的是任何时候都可以让这个国家臣服的力量,它总与黑人结合在一起。"

起初,种族平等大会和学生非暴力协调委员会都是非暴力抵抗的坚定拥护者,但是这两个组

织的很多成员都觉察到时代正在变化。梅瑞德斯游行之前,卡迈克尔接任学生非暴力协调委员会主席,他主张做出改变。显然他只把非暴力抵抗看作权宜之计,并非他的主要信条。他号召武装抵抗的举动令马丁·路德·金很是担心。

金认为"这一口号是个很不明智的选择",他尽力消除其造成的挑唆,他写道:"黑人是毫无力量可言的",因此应该寻求"将政治和经济力量聚合起来达成立法目标"。然而,卡迈克尔并不认同这样的观点,种族平等大会和学生非暴

▲ 一名老师让班上的学生举起手支持"黑人的力量"。

▼ 1970年在牛顿回来接受审判时,黑豹党的支持者在阿拉梅达县法院外集会。

力协调委员会也拒绝非暴力原则，民权运动内部产生了巨大的分歧。一些组织如南方基督教领袖联合会与全国有色人种协进会跟金一样，拒绝"黑人的力量"与暴力抗议。

而另一方有十几个不同的组织站出来支持"黑人的力量"，其实卡迈克尔与其他"黑人的力量"的拥护者都没有进行有组织的串联，便产生了这样的效果。很多年轻黑人都知道他们需要动员黑人为自己的权利抗争，但对于采用什么组织架构却没有什么思路。他们该怎么动员呢？他们到底该如何操作？

休伊·牛顿和鲍比·西尔走进了这个空白地带。1966年10月，就在梅瑞德斯游行和卡迈克尔的挑衅性演说的4个月后，牛顿和西尔组建了黑豹党自卫队。两人早年在"革命行动"运动（RAM）中共事时走到了一起，该组织是一个马克思主义的黑人组织，强烈反对所谓的美帝国主义。

他们认为美国黑人所处的区域是美国的殖民地，而反对种族主义的斗争是全球反对帝国主义的反殖民斗争的一部分。这一观点就是从"革命行动"运动中提取出来的，对黑豹党的政治思想至关重要。"革命行动"运动认为美国黑人不是美国公民，他们属于一个本土被殖民的独立国

对汉普顿和克拉克的屠杀

1969年，芝加哥的紧张局势仍在恶化。城市警方开展一场清除黑豹党的运动，出现了数起关于警察暴力的报道。一个叫杰克·温特斯的黑豹队员占据有利位置打死了两名警察，另有8名警察被击伤，而后他才被击毙。黑豹党很愤怒，执法机构也想报复，并将采取行动。这就是弗雷德·汉普顿12月4日遭袭的背景。

联邦调查局在黑豹党芝加哥分部安插了一名叫威廉·奥尼尔的线人，威廉已被任命为黑豹党的安全部长。11月，他向联邦调查局提供了黑豹党芝加哥分部领导人弗雷德·汉普顿的行动信息，也提供了汉普顿公寓的详细地图。12月4日下午4点半，14名警察聚集在汉普顿公寓外。他们没有携带催泪瓦斯等常规的威吓性武器和扩音设备，而是携带了一支冲锋枪、5支散弹枪、一支步枪和几支大口径手枪。他们来执行的是一项特殊的使命。

他们实施了精准的打击。4点45分汉普顿死在床上，头部中了两枪，胳膊和肩膀中了一枪。死者21岁。黑豹党的另一位领导人、17岁的克拉克也被枪杀。公寓里的另7位黑豹党成员中，有4人中了枪，他们被控谋杀未遂、聚众斗殴及非法使用武器而被捕。

但根据联邦大陪审团的调查，公寓里发射了90发子弹，只有一发来自黑豹党成员。《纽约时报》在探访公寓时注意到，死亡的黑豹党成员躺倒的位置是密集的弹孔和散弹枪的弹坑，而"警方声称穿过的两扇门之间并没有弹痕"。尽管有这些证据，但却没有警官因为杀害汉普顿与克拉克而被指控。奥尼尔则收到了300美元奖金。

▲ 黑豹党成员弗雷德·汉普顿，大约在1968年。

> 黑人暴动的浪潮席卷全国……暴动作为政治诉求的形式重新出现。

家。他们对越南人民有强烈的认同感，在反对越南战争的抗议中冲在风口浪尖。

"革命行动"运动的名誉流亡主席是《黑人与枪支》的作者罗伯特·F.威廉姆斯，他曾经是全国有色人种协进会的成员，但他在北卡罗来纳州门罗市拿起了武器，以保护自己免受种族主义暴力的侵扰。为了免遭迫害及潜在的私刑，威廉姆斯在古巴避难并伪造了与中国领袖毛泽东的联系。

"革命行动"运动在牛顿与西尔的领导下发展势头很猛，但二人已经意识到了该组织的局限性。该组织的大部分成员是知识分子，并不是务实的积极行动派，他们无力运用其理想信条去动员年轻的美国黑人。牛顿与西尔最终割断了与该组织的联系，并无意中找到了一种支持其争取自己权利的方式。

整个1966年，他们的家乡奥克兰种族间的关系日益紧张，在整个加利福尼亚州也是如此。9月，旧金山警察射杀了一个16岁偷偷开车出来兜风的少年马修·约翰逊，牛顿和西尔认为不能再这样下去了，他们需要建立巡逻队来保护自己的社区。1965年臭名昭著的沃茨暴乱后，沃茨形成了一个名为"社区警戒巡逻"的方案，积极行动者依此监控巡警队。他们甚至在其交通工具上贴上了豹的标识。

对牛顿和希尔来说，他们的巡逻队与前者最主要的不同是他们的巡逻队必须是全副武装的。

在1966年剩余的月份里，黑豹党采取了几次对抗警方的行动，他们援引当地的法令和《宪法第二修正案》，认为在自己的交通工具里只要不藏匿武器就有权持有武器。但该组织的会员数量仍然很少。然而，在接下来的一年，北里士满大量黑人被警察枪杀，其中最引人关注的是警方涉嫌对丹吉尔·杜维尔的谋杀。这些事件发生之后，该组织的会员情况大为改观。

尽管证据相互矛盾，一个白人陪审团仍裁决警员在杜维尔案中的行动正确合法。北里士满的许多居民开始向黑豹党寻求支持，并将自己的武器带到集会中，表示效忠牛顿和西尔。一位著名作家描述这一事件时说："他们将黑人社区的愤怒聚集成了一支强大的政治力量。"

1967年夏天，为了回应黑豹党与警方之前发生的冲突，加利福尼亚州立法机构试图制定一部法案禁止在公共场合持有实弹枪支，此后黑豹党的影响力开始从加利福尼亚州向外传播。5月，30名身穿制服、荷枪实弹的黑豹党队员到达位于萨克拉门托的州议会大厦外，向该法案表示抗议。据新闻报道，抗议活动很激烈，成千上万来自全国各地的黑人青年不但知道了黑豹党，也接收到了武装反抗的信息。到1967年5月底，黑豹党已有大量会员追随他们的革命理想。

此后，1967年"夏日贫民大暴动"爆发。黑人暴动的浪潮席卷全国，自"二战"期间发生城市暴乱以来，暴动再次作为政治诉求的形式出

> 1969年，斯托克利·卡迈克尔退出黑豹党，离开美国前往几内亚，他在那里为泛非主义的统一而努力。

▲ 黑豹党成员与一名蹒跚学步的幼儿一起向黑豹党敬礼。

现。当时有很多组织拥护"黑人的力量",但黑豹党将自己置于先锋队的位置之上。

黑豹党的第一波行动是小心而谨慎的。历史学者们注意到,黑豹党在夏初的第二期报纸上印出了该党的10项规划,他们似乎在竭力自我表白,尽管其势力已扩张到全国,但措辞却与此并不相称,缺乏了应有的自信。然而随着暴动的蔓延,黑豹党的信心也逐渐增强。新加入的成员埃尔德里奇·克里弗是一位作家,他是"黑人的力量"运动的主要成员,曾在招募黑豹党成员方面发挥过作用,也曾在黑色力量组织创立的早期担任过马尔科姆·X遗孀贝蒂·沙巴兹的武装保镖。

1968年,黑豹党自卫队将其名称缩短为"黑豹党"。

克里弗后来成为黑豹党的重要成员,他在黑豹党成立之初利用自己的人脉与其他左倾势力集团和"黑人的力量"组织结盟。不过,黑豹党的关键人物是其国防部长牛顿。随着黑豹党势力的传播,牛顿被成员们视为真正的领导人。因此10月28日牛顿因涉嫌谋杀约翰·弗雷而被捕后,努力使其获释自然成了该组织的头等大事。

"释放休伊!"运动吸引了更多媒体的注意。在1967年10月"停止征兵周"的反战抗议活动中,很多左派人士参与了抗争,他们认为这是抗议美帝国主义的另一种形式,但警方以毫无底线的暴行回应了抗议者。

▲ 约1970年黑豹党的哈莱姆总部。

▲ 约1966年黑豹党的早期海报。

1968年初，黑豹党的势力遍地开花，同时黑豹党宣布与学生非暴力协调委员会合并。几个月后，形势发生了变化。

1968年4月，因马丁·路德·金被暗杀而爆发的种族暴力事件又一次肆虐全国。两天后，在奥克兰黑豹党与警察的枪战中，手无寸铁的黑豹党财务主管、17岁的利尔·鲍比·哈顿被枪杀。政治当局将金当作美国民主的烈士，但黑豹党现在已将哈顿作为自己的烈士，并动员了成千上万名年轻美国黑人支持黑豹党的事业。白人支持者的数量也有所增加，马龙·白兰度便是哈顿葬礼上的悼念者之一。同时，牛顿因激进的观点被判监禁，成了一名政治犯。

截至1968年12月，该党的规模进一步扩大，在全国20个城市设有办事处。牛顿在牢房里指挥该党提起诉讼，该党还制定了一套明智的武装斗争战略。他们仍然是公开行动，但没有指示其成员继续对警察发动攻势。但是，他们认为成员们应该武装起来，应该对任何试图在没有授权令的情况下进入家中的执法人员开火，这就制造了可能导致交火的条件。到1968年底，黑豹党已经成为美国最强大的黑人运动组织。

黑豹党在全国很多城市中开设了这样的厨房，每天为10000多名儿童供应早餐。

▲ 1970年在波士顿公园举行的"为弗雷德·汉普顿复仇"的集会上，抗议者聚集在一起。

　　黑豹党利用其日益增长的影响力来帮助他们的社区。1969年1月，他们在奥克兰的圣奥古斯丁教堂开启了第一批为在校儿童免费提供早餐的项目。截至1969年底，黑豹党在全国很多城市中开设了这样的厨房，每天为10000多名儿童在上学前提供饮食。

　　政府对此很是担忧。早在1967年8月，联邦调查局就开启了"反谍计划"（COINTELPRO），旨在瓦解联邦调查局所谓的"黑人民族主义仇恨集团"。1968年9月，黑豹党在全美开设的分部越来越多，联邦调查局局长J.埃德加·胡佛认为黑豹党是"国家内部安全的最大威胁"。在随后几年中，联邦政府与当地警方对黑豹党发起了一致的突击行动，定期向媒体提供不实的信息，监听黑豹党的办公室，招募线人。联邦调查局试图在黑豹党内制造裂痕，造成其内部暴力和死亡，并安排特工挑衅者，刺激黑豹党进行大规模的公开攻击。他们甚至还试图破坏早餐计划。有时他们只袭击黑豹党的分部，占领其办公室，并多次实施抓捕。对黑豹党的攻击催生了第一批特警队（SWAT），他们穿着防弹衣，手持突击步枪，冷酷无情地击毙黑豹党成员，弗雷德·汉普顿就是一个真实的案例（见"对汉普顿和克拉克的屠杀"的插叙）。

　　联邦调查局的一项主要举措是煽动黑豹党与黑人民族主义组织"我们的组织"的紧张关系，

> 1968年为响应牛顿的呼吁，由美国极左翼反种族主义者组成的白豹党成立。

▲ 一群黑豹党成员站在纽约市法院大楼外。

1969年1月最终导致黑豹党的队长邦奇·卡特和助理牧师约翰·哈金斯在加州大学洛杉矶分校遭受枪击。3月，两个组织之间再次交火，又导致两名黑豹党的成员死亡。但具有讽刺意味的是，国家的镇压和煽动反而增加了黑豹党的人数。到1970年底，黑豹党在近70个不同的城市开设了分部。

在联邦调查局的各种干预下，内部力量加外部力量的合力导致了黑豹党的衰落。大量的会员在不断扩张的地理区域中分布，黑豹党越来越难推行自己的准则。他们被迫进行多次清洗，在试图查明和驱逐线人的过程中，党内出现了一些令人震惊的严刑拷打与谋杀的案例，如对阿历克斯·拉克利犯下的罪行。黑豹党内部的争执与异议开始增加，其中一些是联邦调查局挑起的。

毋庸置疑，影响黑豹党继续发展的最大障碍是整个1970年政府做出的一系列让步。尼克松总统缩减了征兵数量，反战情绪得到了社会主流的进一步支持。黑人开始享有更多的社会参与权和政治代表权，与黑豹党建立联系的海外政府也开始与美国政府进行对话协商。黑豹党很快开始失去存在的基础。

1971年9月牛顿访问中国时，黑豹党已开始分崩离析。虽然它在未来多年间仍保持活跃，但1972年中期，它又萎缩为奥克兰的本地组织。缓慢而又不为人知的消亡紧随其后，1982年黑豹党最终关闭了最后一间办公室。

1968年3月,孟菲斯环卫工人罢工,坦克和士兵对罢工者"夹道欢迎"。马丁·路德·金将前往孟菲斯支持罢工者,1968年4月4日被暗杀。

历史遗产

175 民权运动：成与败

184 巴拉克·奥巴马：具有划时代意义的总统

188 新民权运动的诞生

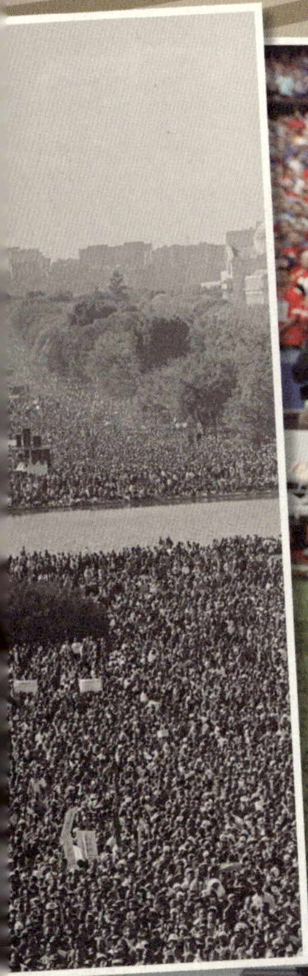

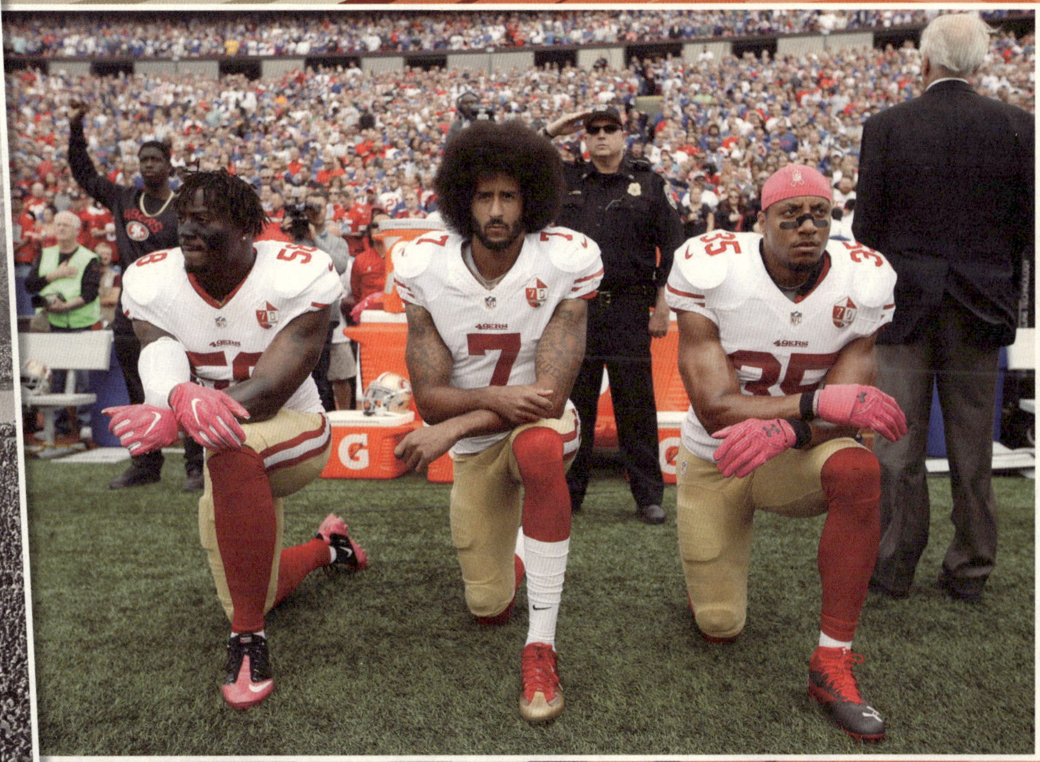

LIVES MATTER

JUSTICE FOR
TRAYVON!

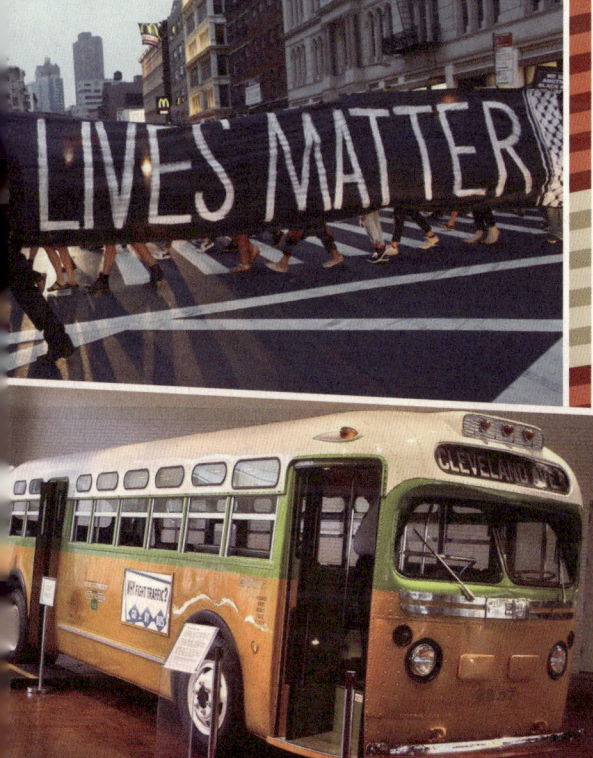

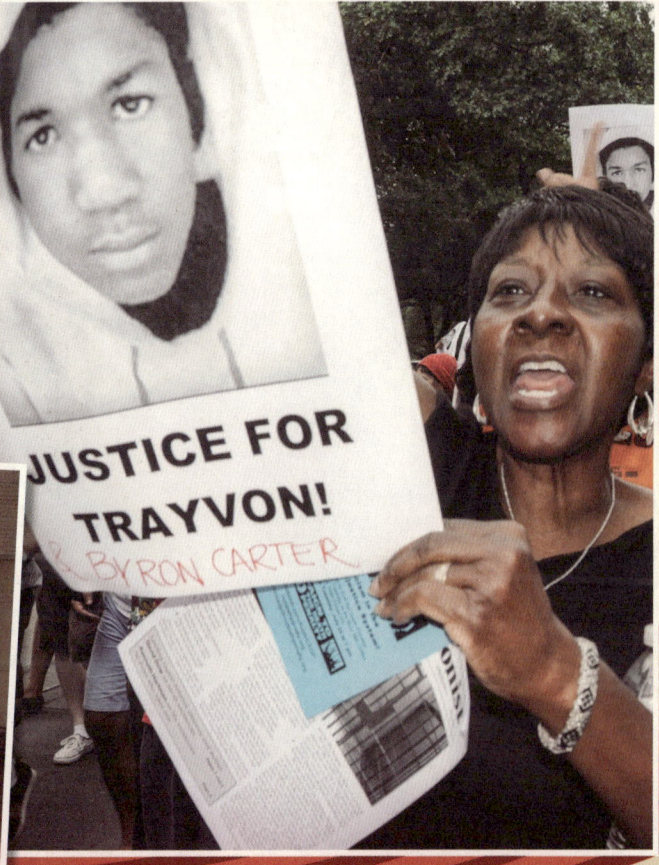

▲ 1963年的"为工作与自由向华盛顿进军"大游行使民权运动获得大量媒体关注，引起全国的重视。

民权运动：成与败

民权运动在争取美国黑人的社会平等方面取得了巨大的进步，
但要完全兑现承诺仍遥不可及。

★★★★

阿拉巴马州蒙哥马利市的霍尔特街浸信会教堂人头攒动，座无虚席。27岁的马丁·路德·金博士走上讲坛发表了鼓舞人心的演讲。他宣扬和平与非暴力变革，他警告说："今天晚上我们在这里对那些长久以来一直在虐待我们的人说，我们厌倦了……我们厌倦了被隔离、被羞辱，我们厌倦了被残酷的压迫击倒。"

4天前，全国有色人种协进会当地分会的秘书罗莎·帕克斯在蒙哥马利的市内公共汽车上拒绝按照司机指示走到车厢后部为白人让座，因而被捕。按照法律规定黑人必须坐在车厢后部，以前就有几人因为相同的"抗命"而被捕入狱。但人们普遍认为，帕克斯的经历与金的演讲在这段重要的日子里拉开了民权运动的序幕。

值得肯定的是，美国黑人已经以各种形式组织起来。全国有色人种协进会（NAACP）1909年便已成立，其他团体如种族平等大会（CORE）和学生非暴力协调委员会（SNCC）也应运而生，这些组织为民权运动事业的日益壮大做出了贡献。然而，《吉姆·克劳法》无处不在，这些阴险的黑人法令，撤销了《宪法第14修正案》和《宪法第15修正案》保护黑人在法律和投票权方面平等的承诺；美国最高法院对1896年"普莱西诉弗格森案"的判决，也肯定了"隔离但平等"的邪恶主张。

但是，1948年，哈里·S.杜鲁门总统解除了美国武装力量内部的种族隔离，并赋予全体军士平等的机会。

1954年，最高法院在"布朗诉托皮卡教育局案"的裁决中，计划在全国公立学校实施种族融合，尽管推进的过程拖沓缓慢。

正是在蒙哥马利，黑人的国民

> 金博士在成立南方基督教领袖联合会时说："我们必须……在保证尊严与自律的基础上……开展斗争。"

格林斯伯勒的一系列静坐活动……迫使伍尔沃斯零售商店……终止了其在南方的种族隔离政策。

雪莉·奇瑟姆的足迹

　　1972年，纽约国会议员雪莉·奇瑟姆宣布参选民主党总统候选人。37年后，巴拉克·奥巴马宣誓就任美国第44任总统。奇瑟姆是角逐民主党候选人的第一位女性、第一位黑人女性，也是第一位试图登上国家最高权力巅峰的黑人。因此，奥巴马总统应该感谢雪莉·奇瑟姆，这位在党派政治、性别和种族平等方面的拓荒者，而民权运动的政治觉醒为创造这一机遇提供了便利。

　　1924年奇瑟姆出生在纽约城，她的父母是加勒比地区的移民。1952年，她毕业于哥伦比亚大学师范学院，1965年竞选纽约州众议院议员前，她是一名教师。1968年，她当选纽约州第12区美国众议院议员，成为第一位入选国会的黑人女性。尽管奇瑟姆诉诸总统候选人提名失败，但她在党内初选中获得430703张选票，占总票数的2.69%，最终在15名参选人中排名第7，为未来少数族裔参选打开了大门。2005年，奇瑟姆去世，享年80岁。

▲ 纽约州国会女议员雪莉·奇瑟姆是美国政治的拓荒者，曾角逐民主党总统候选人。

意识才提高到了值得被称为"运动"的水平。随后对该城市公共交通系统长达一年的抵制，以及1956年布劳德诉盖尔案在美国地方法院的胜诉（该案反对城市和州政府许可的公共交通隔离，美国最高法院维持这一裁决）为年轻的金博士领导下的民权运动的继续蓬勃发展提供了动力。

　　1955年民权运动兴起，20世纪60年代后期达到顶峰，半个多世纪后的今天，其传承的精神仍在发挥着影响。民权运动经历了胜利、挫败和悲痛的时刻，也取得了巨大的成就。毫无疑问，民权运动成功地将美国全国关注的焦点吸引到了当前特别是南方存在的不平等和社会不公。金的个人魅力吸引了大批追随者和支持者，其中既有黑人，也有白人。通过电视直播，美国人见证了黑人在争取平等的斗争中遭遇的警察挥舞的警棍、高压水枪、恶犬、炸弹、示威和谋杀。就像任何推动巨大社会变革的行动一样，该运动将人类在冲突前沿激发出的善与恶都呈现出来，对当今世界产生了一定的影响。

　　1957年，德怀特·戴维·艾森豪威尔总统被迫履行"布朗诉托皮卡教育局案"的判决，有9名黑人孩子在阿肯色州小石城纯白人的中央高中报名入学。当时沃瓦尔·法乌博斯州长与联邦政府对抗，艾森豪威尔总统派出第101空降师护送孩子们入校。金和他的南方基督教领袖联合会鼓动一批社会活动家进行非暴力抗议。艾森豪威尔总统签署了1957年《民权法案》，这是自内战重建时期以来第一部由政府制定的适用于联邦范围的民权法案。但是，一众强大的南方国会议

▲ 1995年百万人大游行期间，人们拥挤在华盛顿特区的国家广场上。

员成功地缩小了立法的适用范围，在许多观察家看来，这一立法实际上更多是一种象征而不具实质意义。

不过，1957年《民权法案》批准在司法部设立民权事务局，任何人在任何选举中被控否认或压抑其他公民的投票权，联邦政府都有权起诉。联邦政府还设立了一个由6人组成的民权委员会，负责调查侵犯投票权的行为。然而，到目前为止，其最大的影响是肯定了联邦政府对推进民权拥有广泛的责任。

1960年，南方基督教领袖联合会发起了在禁止为黑人提供服务的午餐柜台前的静坐活动。北卡罗来纳州格林斯伯勒的一系列静坐活动迫使伍尔沃斯零售商店（在全国设有分店）终止了其在南方的种族隔离政策。一年后，种族平等大会组织了"自由乘车"行动，参与行动的人士从华盛顿特区乘坐公共汽车前往路易斯安那州的新奥尔良，呼吁人们注意种族隔离现象仍然普遍存在于公共汽车站点、候车区、休息室和其他聚集场所。"自由乘车"行动，最初由7名黑人和6名白人组成，他们曾受到威胁、骚扰和人身攻击，甚至有一辆公共汽车遭到炸弹袭击。暴力事件在蒙哥马利严重升级，美国司法部长罗伯特·肯尼迪被迫派遣600名联邦法警到该市，以平息骚扰并保护自由乘车者。该事件的潜台词是很明确的：如果联邦政府和州政府不愿或者消极地采取措施执行最高法院的判决，非暴力抵抗运动将迫使他们就范。

在书写历史的1963年"为工作与自由向华盛顿进军"大游行中，估计有25万人聚集到国家广场，金博士在林肯纪念堂前的台阶上发表了充满激情、传诵至今的演讲《我有一个梦想》。他深情地呼吁结束种族隔离，结束世间不公，他的话语通过电视、广播和报纸传扬到千百万美国人家中。据估计，参与大游行的人中有30%是白人，证明对公民权利的狂热已被唤醒，而这种狂热已超

> 1965年3月7日，警方袭击了从塞尔玛出发参与游行的示威者，这推动了1965年《投票权法案》的通过。

▲ 罗莎·帕克斯被捕的那辆公共汽车如今陈列在阿拉巴马州的蒙哥马利博物馆。

越了孤立的黑人意识。这是自内战以来美国历史上最动荡的时期，民权运动已成为美国民众关注的焦点。

即便如此，第二年夏天，也就是所谓的"自由之夏"，镇压民权运动的粗暴行径仍令许多美国人倍感震惊，他们被迫采取行动。三K党是一个暴力的种族主义和种族隔离主义仇恨集团，在美国南方和其他地区都很嚣张跋扈，他们采取恐怖行动反对密西西比州登记选民的倡议。尽管法律已经基本废止了白人依据《吉姆·克劳法》压制黑人投票时所采用的方法，但由于黑人法令撤销的速度缓慢，参加投票的黑人选民人数并未真正实现突破。

3名大学生，纽约白人迈克尔·施韦纳和安德鲁·古德曼，以及密西西比州默尔迪恩的黑人工人詹姆斯·钱尼被绑架并被谋杀。犯下这令人发指的罪行的案犯有当地白人高级官员和普通市民，也有执法的警官，还有狂热的三K党成员。谋杀3名无辜青年人的恶行几乎算不上任何"功绩"，但事件的极度凶残暴虐反而使民权运动获得了更广泛的支持。许多人以前对发生在他人身上的事漠不关心，如今他们的观点彻底地改变了。

这起谋杀案加速了具里程碑意义的1964年《民权法案》在国会通过的进程，林登·约翰逊总统将其签署生效。除其他重要组成部分外，该法案给予所有人平等使用公共设施（包括餐馆、运动场、剧院和公园等）的权利，是一部联邦法律。此外，关于公立学校解除种族隔离的步伐缓慢的问题，联邦政府有权对拒绝遵守1954年最高法院裁决的州、市或地区提起诉讼。最明确的是，该法案

> 1960年3月，肯尼迪总统禁止在雇用联邦雇员的过程中因种族、宗教或祖籍国而进行种族歧视。

禁止任何基于种族、肤色、宗教、性别或祖籍国的歧视。

一年后，约翰逊总统签署了1965年《投票权法案》，该法赋予政府广泛的权力，以确保任何美国公民的投票权不会受到阻碍。该法案随后进行了5次修订以扩大其适用范围，人们认为这是国会批准的最有效的现代法案之一。该法案禁止要求个人必须参加"测验或检测"才能投票，如读写能力测验、一定程度的教育水平或良好品德的证明。试图更改投票法的州和辖区必须接受联邦政府的审查和监督。

即使民权运动已达到权力和影响力的巅峰，还有联邦政府支持其所倡导的变革，但该组织内部还是遭遇了某种身份认同的危机。党派主义潜入领导层，甚至成为一种风气。尽管在蒙哥马利公共汽车抵制行动中出现了统一战线，但10年后，某些成员躁动不安，他们对改革的步伐很不满意，质疑持续被动的非暴力抵抗的价值，发出了更多好战的声音。马尔科姆·X是当时最具影响力的演说家之一，他呼吁采取更有力的行动，主张泛非洲社团的统一以及各种族的分化而不是融合。批评者指责他宣扬自己的暴力和种族主义品牌。他与其过去隶属的武装组织伊斯兰民族决裂后，1965年2月21日在纽约被该组织的3名成员暗杀。

1966年夏天，激进分子鲍比·西尔与休伊·牛顿组建了黑豹党，政治上极左。黑豹党成立之初是为了监控加利福尼亚州奥克兰市的警方行动，后来逐步扩张，在美国主要城市甚至海外设立了分部。尽管一些黑豹党的成员举行集会表示为终结对黑人的压迫而斗争，但该组织还是卷入了一些非法活动，到20世纪80年代初期，该组织的人气严重削弱。出于种族主义与报复动机的暴力行为时有发生，并造成了生命损失和财产破坏。1965年8月，在洛杉矶的沃茨地区爆发了

谁可以打网球？

哈佛大学毕业的拉尔夫·本奇是在美国政府担任高级代表的第一批黑人之一。1945年，他参与了联合国成立的筹备工作，并起草了具有里程碑意义的《世界人权宣言》。以色列建国初期，本奇是阿拉伯与以色列冲突第三方调停的首席谈判代表。1950年，他因出色的外交斡旋获得诺贝尔和平奖。本奇也多次参与民权运动，1963年他参加过在华盛顿举行的大游行，以及1965年3月从塞尔玛到蒙哥马利的游行。

本奇在收到诺贝尔奖奖金后，便在纽约皇后区的邱园花园地区购置了房屋，1953年后一直居住在那里，直到28年后去世。1959年，本奇和他的儿子小拉尔夫到纽约森林山的韦斯特赛德网球俱乐部申请会员资格，但由于种族原因遭到拒绝。媒体疯狂报道之后，拒绝其会员资格的俱乐部工作人员辞职。俱乐部正式道歉，并在后来为本奇提供了会员资格，但本奇拒绝了，他不想接受因特权和社会声望获得的关照。

▲ 拉尔夫·本奇是极其令人钦佩的外交官，也是1950年诺贝尔和平奖得主。

▲ 1963年8月28日华盛顿特区"为工作与自由向华盛顿进军"的游行中,民权运动的支持者举着标语,沿着街道行进。

▲ 迈尔德雷德与理查德·洛文提起了针对弗吉尼亚州的具有里程碑意义的诉讼,该诉讼推翻了禁止跨种族通婚的法令。

跨种族婚姻的禁令

美国内战结束后的几年间,有一项全美通行的法令就是禁止跨种族通婚。1887年,包括宾夕法尼亚州、伊利诺伊州、俄亥俄州和密歇根州在内的几个州废除了禁止跨种族通婚的法律。1948年至1967年间,许多州——包括西部大部分州也废除了这项法律,包括加利福尼亚、俄勒冈、科罗拉多和内布拉斯加州。

1967年6月12日,美国最高法院对"洛文诉弗吉尼亚州案"做出一致裁定,宣告跨种族通婚的禁令违宪。根据这一判决,深南部与中南部①各州禁止跨种族通婚的相关法律相继作废,西弗吉尼亚州与密苏里州也是如此。该诉讼是迈尔德雷德与理查德·洛文提起的,他们一位是黑人妇女,另一位是白人男士,1958年6月在华盛顿特区结婚。他们回到弗吉尼亚的家中后,被控违反了《弗吉尼亚洲法典》第20章第58条的规定。在承认"以夫妻同居的方式危害英联邦的和平与尊严"后,他们被判处一年徒刑。

该刑罚以洛文夫妇离开弗吉尼亚为条件而吊销。他们迁居到哥伦比亚特区后提起诉讼。最高法院判决后,跨种族通婚的数量显著增加。

---

① Middle South,主要指美国南方的西部地区,包括路易斯安那州、阿肯色州、俄克拉荷马州和得克萨斯州。

一系列暴乱。该暴力活动源于警察拘禁了一名涉嫌危险驾驶的司机，但却很快演变为对警察粗暴执法的控告。结果造成34人丧生，1000多人受伤，近4000人被捕。1968年4月4日，当金博士倒在暗杀者的子弹之下时，全美125个城市爆发了暴力活动。金去世后，他的继任者承袭了其牺牲领袖的衣钵，追随他和平抗争的遗风，呼吁美国人寻找共同的思想，使美国变得更加自由包容。

在民权运动内部造成党派之争的一个主要驱动力是黑人们在社会和经济平等上缺少明显的进步。尽管理论上可以立法和主张获得平等的教育、住房、就业、医疗保健和实现遥不可及的"美国梦"的机会，但现实是，盘根错节的种族主义通常隐蔽地存在着，并一直持续到今天。涉及平权行动①的一系列法案是民权运动的衍生品，旨在为美国黑人和其他少数族群提供更多机会。就在金博士被暗杀几天后，国会通过了第一版《公平住房法案》，以确保民众获得平等住房权。黑人在诸如借贷、郊区购房、职场择优晋升，以及担任专业和管理职务等一般活动中仍面临长期歧视。

民权运动成功引起了人们对美国区域性种族主义的关注，也为包括亚裔和西班牙裔少数群体、妇女、男同性恋者、女同性恋者等在内的其他弱势群体争取平等权益开辟了道路。民权运动之后，每一个少数族群都取得了重大进展。尽管阻力重重，但只要民权运动取得的成果触手可及，就必须视为成功。即便如此，民权运动的影响力还是有限的，为所有人构建更加美好社会的真正变革必须从每个个体开始。观察世界的视角的改变是无法通过立法实现的。

这样的挑战一直在继续，促使杰西·杰克逊牧师在1995年再次站在国家广场上，在百万人大游行期间向庞大的人群喊话。"我们为什么要游行？"他问道，"因为我们的婴儿夭折了。我们为什么要游行？因为我们很少能受到良好的中小学教育。我们为什么要游行？因为媒体将我们模式化，说我们的智商偏低，我们工作不够勤奋，我们缺乏国际视野，我们不够爱国，我们暴力得多……因为我们困顿在二流学校和一流监狱之中。"

民权运动在美国社会发展过程中发挥了重要作用，在可能的条件下取得了令人钦佩的成功，或许为步入新社会提供了一块跳板，为全体美国人创造了一个同舟共济的机会。

> 1962年10月1日，詹姆斯·梅瑞德斯成为密西西比大学的第一位黑人学生。

---

① 平权行动Affirmative Action，美国法律术语，包含一系列法律、政策、指导方针和行政惯例，旨在终止和纠正特定形式歧视的影响。

巴拉克·奥巴马：
具有划时代意义的总统

一位非洲裔美国人的政治生涯与总统大选胜利如何成为
民权运动最伟大的历史成果之一。

★★★★

回溯到2009年，英国广播公司披露了标志性的民权运动领导人马丁·路德·金访谈的录像。该访谈录制于1964年，4年后他在孟菲斯被暗杀，该访谈成了新闻头条，因为金在其中做出了最引人瞩目的预言："用不了40年，我们将有一位黑人总统。"他声称这是他对前司法部长罗伯特·肯尼迪类似设想的回应，当时肯尼迪认为"最多不超过25年"。

因此，45年后的一天，一个非洲裔美国人通过竞选即将走进椭圆形办公室，这似乎应验了之前的预言。2009年1月20日，当巴拉克·奥巴马宣誓就任美国第44任总统时，他不仅给世界上最有权势的政治职位带来了真正的多样性，而且实现了一个民权运动最杰出的领袖日夜企盼的梦想。

奥巴马作为民主党总统候选人取得的成功对美国来说是一个具有划时代意义的时刻。这是政治、社会和经济格局不断变化的结果，根源于整个20世纪民权运动的努力以及用鲜血和生命代价换来的胜利。1964年种族歧视被定为刑事犯罪，1965年黑人获得投票权，1967年瑟古德·马歇尔成为美国最高法院的第一位黑人大法官，1968年黑人获得公平住房权，尽管经历了流血和种族歧视，美国仍在多个层面发展进步。

2008年，当民主党提名奥巴马参加总统大选时，这位美国伊利诺伊州参议员发现自己已完全陷入政治风波之中。奥巴马出生于夏威夷，母亲是白人，父亲是黑人，他拥有双重血统，但仍被自然而然地认定为有色人种。他的种族是他的一部分，但不是决定他的因素。他临危不惧的风度、

> 奥巴马2009年的总统就职典礼是历史上吸引人数最多的就职典礼，近200万人现场观礼。

▲ 奥巴马是一个虔诚的基督徒，他在华盛顿特区的非洲卫理公会主教教堂参加礼拜。

令人印象深刻的演讲技巧，以及在芝加哥担任民权律师的背景，使他拥有了对手很难攻击的人格形象。

在21世纪第一个10年的后期，美国政治舞台的基因（DNA）也正在发生转变，这一特征在2008年晚些时候总统大选开始时尤为显著。多年来，美国的投票选举往往以相同的思维定式进行，各州往往陷入僵化的政治忠诚。东北和西海岸的选民几乎总是支持民主党的蓝色，而其他大部分地区则将选择共和党的红色。但在2008年却没有一如以往。形势正在发生变化，黑人总统正成为一个令人青睐的选项。

2008年11月4日，奥巴马在与共和党候选人、美国退伍老兵约翰·麦凯恩的激烈角逐中取得了胜利。奥巴马获得了52.9%的选票，看似只以微弱优势获胜，但奥巴马在竞选中不仅赢得民众选票（有69498516票投给了奥巴马），也赢得了选举人票（奥巴马365票对麦凯恩的173票）。这是一次伟大的胜利，预示着一个国家希望摆脱伊拉克战争困扰，并重新关注国内医疗保健和经济重建。

尽管顽固的南方即所谓的"前邦联"各州仍

投票给麦凯恩,但奥巴马在东北部各州取得了决定性胜利(包括俄亥俄州等关键政治战场),也在新墨西哥州与爱荷华州的激烈对决中获胜,还在历史悠久的"红色"南方获得了重要支持(佛罗里达、北卡罗来纳和弗吉尼亚都投给了蓝色的民主党)。

因此,一位非洲裔美国人将就任美国第44任总统。事实上,奥巴马的肤色并不是他入主白宫的主要原因,但也没有妨碍他大选获胜。

2006年,奥巴马开设了一个YouTube频道,他是第一个将自己每周定期讲话上传的总统。

然而,尽管美国向真正的种族平等迈进了一大步,第一位黑人总统也获得了连任,但前行的路依然漫长。半个世纪以来,种族间的紧张局势已达到了最高点,美国已成为新的现代民权运动的发起点——这是一场反抗不公的斗争,这对过去100多年来为争取平等而艰苦抗争的人们来说是再熟悉不过的了。

奥巴马植根于民权运动

在角逐政治的念头进入巴拉克·奥巴马头脑之前的很长时间里,这位年轻的未来总统一直在家乡伊利诺伊州从事法律工作。1991年至2004年,他成为芝加哥大学法学院的客座研究员,然后是讲师,最后是高级讲师,与此同时,他还在全州范围内参与了大量民权案件。也是在这里,奥巴马开始了他的改善医疗保健运动。

1992年,奥巴马接管了伊利诺伊州全州范围内的"投票"计划,该计划旨在应对居住在该州的40万名尚未注册的非洲裔美国选民。这是一项艰巨的任务,但奥巴马仍然设法达成了注册15万黑人选民的目标。实际上,这项壮举令人印象深刻,以至于克雷恩的《芝加哥商业报》(一家专注当地商业的报纸)将奥巴马列为1993年值得关注的"40名40岁以下"的名人之一。他还参与了许多知名案件的诉讼,其中有拜克斯-罗伯森诉花旗银行案,该案声称花旗银行纵容了破坏《公平住房法案》(民权运动的基石)的行为。

▲ 10年律师生涯后,奥巴马又担任了7年伊利诺伊州参议员。

新民权运动的诞生

"黑人的命也重要"点燃了全球黑人与非洲裔美国人的抗议情绪。
新的抗争融合了民权运动与"黑人的力量"的政治诉求。

★★★★

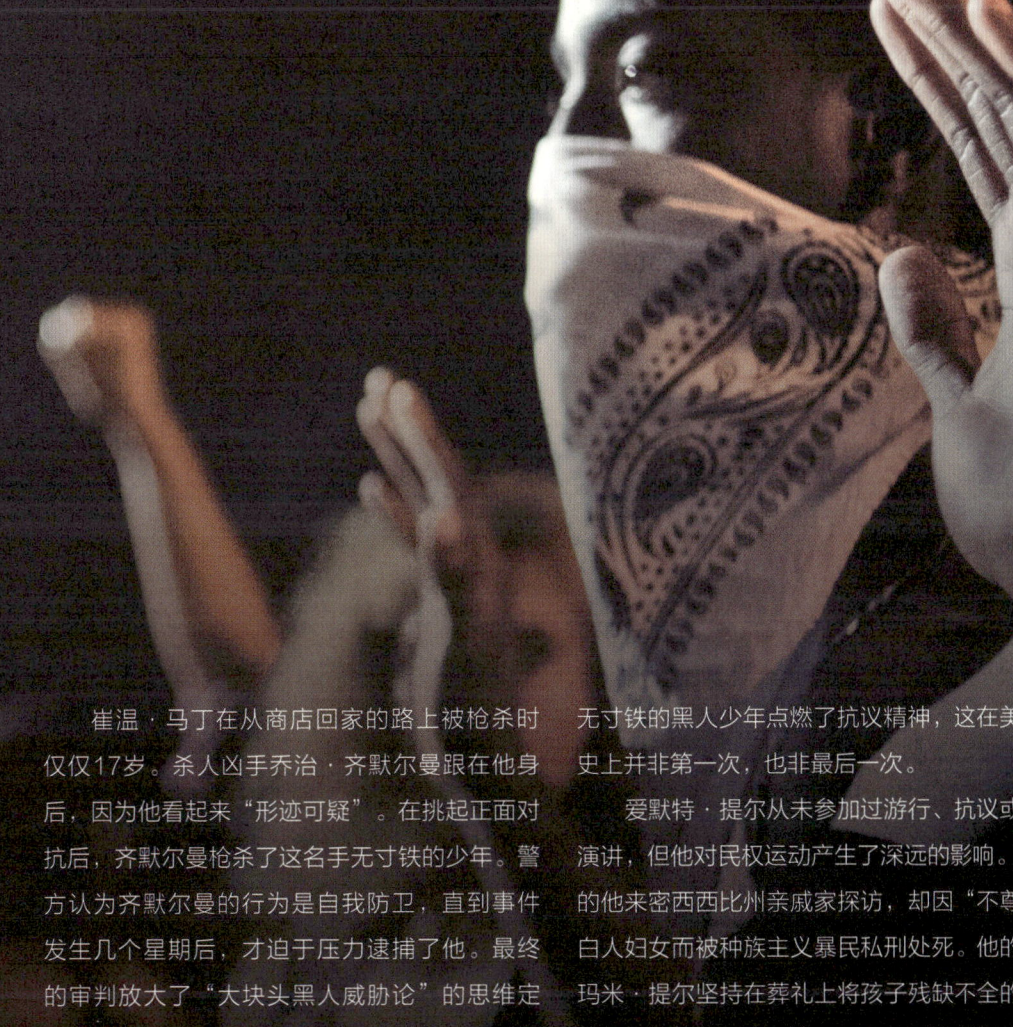

崔温·马丁在从商店回家的路上被枪杀时仅仅17岁。杀人凶手乔治·齐默尔曼跟在他身后，因为他看起来"形迹可疑"。在挑起正面对抗后，齐默尔曼枪杀了这名手无寸铁的少年。警方认为齐默尔曼的行为是自我防卫，直到事件发生几个星期后，才迫于压力逮捕了他。最终的审判放大了"大块头黑人威胁论"的思维定式，齐默尔曼最终被无罪释放。社会活动家艾丽西娅·加尔萨听到判决后，沮丧地写了一个脸书（Facebook）帖子，结尾是"我们的命也重要"。她的朋友帕特希·库拉斯借用了这句话，并创建了"#黑人的命也重要"的主题标签，其传播速度与判决造成的痛苦一样快。杀害一名手无寸铁的黑人少年点燃了抗议精神，这在美国历史上并非第一次，也非最后一次。

爱默特·提尔从未参加过游行、抗议或发表演讲，但他对民权运动产生了深远的影响。14岁的他来密西西比州亲戚家探访，却因"不尊重"白人妇女而被种族主义暴民私刑处死。他的母亲玛米·提尔坚持在葬礼上将孩子残缺不全的尸体放在敞开的棺材中。这一画面使所有美国人毛骨悚然，激起了民众对民权运动的支持。这是一个多么悲伤的训示！60年了，局面几乎没有什么改观，是一个黑人少年的被杀才唤醒了大众的意识。

▲ 密苏里州弗格森市针对警察射杀迈克尔·布朗事件的抗议活动。

"黑人的命也重要"的口号因崔温·马丁的被杀而产生。2014年8月9日，未携带武器的少年迈克尔·布朗在密苏里州的弗格森被一名警察枪杀，使得"黑人的命也重要"成为新民权运动的宣言。抗议活动在弗格森爆发，那里的非洲裔美国人人口占三分之二，但警察中只有3名是黑人。迈克尔·布朗的被杀是压垮警民关系的最后一根稻草，该城爆发的骚乱从2014年末一直持续到2015年。针对非洲裔美国人的警察滥暴事件和种族主义提醒人们，在当代美国，过去民权运动一直为之抗争的很多问题依然存在。过去的民权运动已经使种族歧视与种族隔离违法，使非洲裔美国人获得了投票权，但在法律或者执法者面前却并未保证人人平等。塔米尔·赖斯、埃里克·加纳、菲兰多·卡斯蒂利亚和科琳·盖因斯仅占被警察杀害的人的一小部分，这是种族歧视的最基本形式的明证。

自非洲裔美国奴隶获得解放以来，他们便一直是刑事司法体系的牺牲品。将自由的黑人劳动力禁锢在南方的一种方式就是将其投入监狱，让其戴着枷锁劳动。非洲裔美国人因被处以罚款和犯有轻微罪行而被监禁，使他们加入锁链一族，因而受到监狱系统的伤害并不是什么新鲜事。从1980年到2012年，美国的监禁率增加了222%。打击可卡因的战争是监禁率急剧上升的一个主要因素，大批非洲裔美国人入狱。每年有将近100万非洲裔美国人在监狱里度过，据估计现在有更多的黑人滞留在铁窗之下，或者处在缓刑或假释之中，其人数已超过1850年奴隶的数量。大规模的监禁也许将成为21世纪民权运动的最重要议题。面对自由、投票权与就业机会丧失造成的冲击，米歇尔·亚历山大宣称监狱产业便是新《吉姆·克劳法》。每天有大约500万非洲裔美国人在监狱外受到国家监督，警察在黑人社区中随时出现。在某些人看来，警方渐渐象征着踏在种族主义地板上的靴子，他们是制造种族不公的军事突击队。

"黑人的命也重要"运动为了推动多元诉求，力求不设领导人，防止由于代表人物丧失信心或背叛事业而造成的损害。像马丁·路德·金这样的领袖遭遇暗杀事件，是对过多倚重某位领导者提出的警示。该运动将重点放在"领导效率"上，将权力赋予不同分支机构的社会活动家。与我们的一般认知不同，这种组织形式与

▲ 奥尔顿·斯特林2016年被警察枪杀，美国司法部启动民权调查。

之前的民权运动更为类似。领袖的形象可能会在记忆中闪现,但事实是,正是黑人社会活动积极分子们的广泛联盟才使这场运动取得了成功。实际上,"黑人的命也重要"运动往往是通过平台、分部和行动方案领导的。相反,民权运动则是一张标签,附着在一系列不同的、有时是相互竞争的思想和组织之上。

既不设领导人,又要推进运动,这使"黑人的命也重要"运动实际操作起来困难重重。为了避免发号施令,他们创建的"黑人的命也重要"运动不像一个组织,更像一种标准或一枚徽章,使社会活动积极分子在一定的基础上行动。当被问及"黑人的命也重要"运动与黑豹党的相似性时,前黑豹党成员凯瑟琳·克里弗坚持认为,黑豹党"不是一种运动",而是一个组织。她强调

> 非洲裔美国人入狱监禁的比例是美国白人的5倍。

黑豹党具有清晰的意识形态、组织结构和行动计划,但"黑人的命也重要"运动故意在全国层面缺省了其中的一些环节。"黑人的命也重要"运动的全国性议程包括推广用作媒体宣传的黑人频道、举行"黑人未来月"① 年度庆祝活动,以及跟进一系列高关注度"敏感事件"。但是,这与黑豹党的报纸、免费早餐计划、医疗诊所、法律顾问,以及集中管控的严格纪律等等相去甚远。当斗争目标相似时,"黑人的命也重要"运动就活动范围而言与民权运动更为相似,即抗议是为了促使政策变革。"黑人的命也重要"运动致力于和平抗议,黑豹党拿起

---

① Black Futures Month,即每年2月,与"黑人历史月"同时举行庆祝活动。活动贯穿整个2月,通过艺术展、文化讲座、文艺演出和音乐会等活动展现黑人的生活重建、创伤疗愈以及对爱与幸福的追求,旨在激励黑人憧憬美好未来,构建自由平等的世界。

▲ 纽约市的学生参与反警察滥暴的"城市的未来"第二次年度大游行。

▶ 2017年11月,"黑人的命也重要"运动共同创始人帕特希·库拉斯接受悉尼和平奖。

▼ 2016年3月,"黑人的命也重要"运动共同创始人艾丽西娅·加尔萨在公民大学大会上发言。

▲ 德雷·麦克森,"黑人的命也重要"运动脱颖而出的代表人物。

◀ 2015年8月"黑人的命也重要"运动共同创始人欧帕尔·托米第参与劳拉·桑德斯的访谈秀。

"黑人的命也重要"运动为了推动多元诉求,力求不设领导人。

英国的"黑人的命也重要"运动

"黑人的命也重要"运动与民权运动的显著差异之一是前者在世界各地广泛传播。该运动激发了法国和南非等国家的抗议活动，并成为英国黑人斗争的推动力量。2016年7月，奥尔顿·斯特林和费兰多·卡斯蒂尔被杀的喋血场面在脸书上直播，随后英国爆发了抗议活动。在所有主要城市中，成千上万的年轻人走上街头同声抗议。在美国创始人的支持下，英国"黑人的命也重要"运动之前已然成立并开始活动。由于这些抗议活动，该运动得到了英国全国的关注。2016年8月，"黑人的命也重要"运动组织了公民抗命，关闭了诺丁汉的电车服务，阻塞了伯明翰的道路以及通往希思罗机场的M4出口。英国"黑人的命也重要"运动的目的是提升那些在被拘留中或与警察接触后死亡者的社会关注度，这些死亡者包括金斯利·伯瑞尔、莎拉·里德、姆泽·穆罕默德和马克·杜根。就像在美国一样，英国的黑人在可疑的情况下与警察接触后死亡的可能性更高，实际上在监狱犯人中所占的比例甚至更高。英国"黑人的命也重要"运动还将视野从刑事司法扩展到了移民、贫困和气候立法等问题上。

▲ 2016年经过伦敦公园路的一场游行，抗议美国警察对黑人的杀戮。

武器是为了保护社区免受警察滋扰，因为他们对公众舆论不感兴趣，而对革命行动更为热衷。两者都通过处理刑事不公问题获得较高的社会关注度，在大众的想象中，"黑人的命也重要"运动的成员普遍年轻，做事风风火火，容易让人联想到过去的黑豹党。但是要真正了解"黑人的命也重要"运动，我们必须回顾民权活动家内部发生的裂痕。

民权运动中年轻而好战的激进分子对金及其领导的社团渐进式的、"以爱的包容去抗争"的观点感到厌倦。1966年，学生非暴力协调委员会（SNCC）的斯托克利·卡迈克尔（即后来的科威姆·图尔）在密西西比州的一次集会中使用"黑人的力量"一词时就表现出了这种沮丧。

"黑人的力量"是一种希望得到认可的呐喊，他们认为没有必要为了立法变革而被迫迎合白人社会。"黑人的力量"通常被视为自成一派的运动，是对传统民权领袖的谴责。一提起"黑人的力量"我们便会想到"黑色很美"的口号、黑豹党的战争精神以及马尔科姆·X抨击"白人恶魔"的激烈演讲。其实，我们忘记了"黑人的力量"是植根于民权运动的，年轻人只是对民权运动的基调和缓慢的进展感到沮丧。

如果大众媒体回溯到20世纪60年代前后，"黑人的力量"可能就是一个标签，一种吸引一定范围的观念和情感、坚持黑人生命意义的方式。当马尔科姆·X谈到"将民权运动斗争提升到人权高度"的必要性时，他说黑人并没有被

▲ 科林·卡佩尼克（中）和旧金山49人队的队友在赛前播放国歌时单膝跪地抗议。

科林·卡佩尼克在美国橄榄球联盟开启了国歌抗议

2016年9月，旧金山49人队的四分卫科林·卡佩尼克拒绝尊重每场美国橄榄球联盟比赛都播放的国歌，以引起国际社会对警察滥暴与种族主义问题的关注。他解释说："我不会站出来为一个压迫黑人和有色人种国家的国旗感到自豪。"他的抗议活动受到了"黑人的命也重要"运动的启发，不久后，其他球员也参与其中，在播放国歌期间单膝跪地。抗议活动在球队老板、众多球迷甚至美国总统之间引发争议。2017年10月，特朗普总统鼓动美国橄榄球联盟对"不尊重我们国旗、我们国家"的球员采取零容忍的态度，他说他会恳求那些球队的老板，如果他们在播放国歌期间拒绝站立，"就立刻把那个杂种赶出球场"。接下来的一周，有200名美国橄榄球联盟的球员在播放国歌期间单膝跪地。自2017年7月以来，卡佩尼克一直没有代表球队参赛，他正在起诉美国橄榄球联盟串通一气。他继续坚持他的行动主义，并向一系列社会正义组织捐赠了100万美元。

当作人来尊重。"黑人的命也重要"这句话是这一观点的最简表述。"黑人的命也重要"运动直接承续"黑人的力量"运动的传统，认为对黑人社会存在的认可无法通过立法实现。这也表明"黑人的命也重要"运动与现存的民权运动支持者之间具有不同时代的印记。

当一些民权运动的老兵试图加入"黑人的命也重要"运动时，明显感觉到了公开的敌意。2014年在华盛顿由阿尔·夏普顿组织的一场集会上，"黑人的命也重要"运动的激进主义者约翰内塔·艾尔奇冲上了舞台，年轻的激进主义者因自己的工作被"抄袭"而感到沮丧。人们感觉是时候采取一种新的、草根的方法来解决问题了，但将领袖人物置于聚光灯下的方法还是自然而有效的。这种分野并不是新情况，其实可以追溯到20世纪60年代的辩论。年轻的激进主义者受到马尔科姆·X的热切鼓舞，加入"黑人的力量"，但他们基本上仍处于民权领域。还有一些例子，例如继承武装斗争传统的黑豹党，其主要目标仍是为了使非洲裔美国人更好地融入该社会体系。甚至像阿米里·巴拉卡这样的文化活动家希望维护独特的非洲裔美国人文化社区，也希望将民权运动的成果融入社会体系。1968年，巴拉卡成立了一个"统一的纽瓦克委员会"（CFUN），该组织与纽瓦克官方进行了广泛的合作，试图在该市为非洲裔美国人开拓一些空间。这是在支持选举候选人并鼓励人们投票，而不是破坏选举制度。

"黑人的力量"的定义过于松散，是为了呼吁人们也包括那些希望实现共产主义的人更好

▲ 2016年7月9日，声援"黑人的命也重要"运动的抗议正在纽约街头进行，一名警察在附近维持秩序。

地融入资本主义。"黑人的命也重要"运动也面临同样的问题,即其平台过于宽泛。不赞同"黑人的命也重要"却赞同其解决问题的方案,这几乎是不可能的。不过,"黑人的命也重要"运动采取广泛结盟、联合维权的模式推动当局政策的调整,展现了21世纪民权运动的新特征。现在的问题是,我们是该重塑民权观念还是摒弃其政治信条,去追求更为激进的变革。

"黑人的命也重要"与民权运动一样,是大量独立社团的行动标语,社团存在在前,标语生成在后。目前以"黑人的命也重要"整合的新社团已发展成一个国际社团,在全世界有40家分支机构。他们使用同一名称,采用相同的政策宣言,但由原有的运营者运营。就像民权运动一样,为了实现效能最大化,他们为社会活动积极分子提供培训与支持。民权运动中有6大领袖,包括马丁·路德·金、詹姆斯·法默尔和菲利普·兰多夫,他们是该运动的全国代言人。同样,艾丽西娅·加尔萨、帕特希·库拉斯和欧帕尔·托米第等人物是"黑人的命也重要"运动的全国代言人。正如艾丽西娅·加尔萨在《卫报》的一次采访中说的那样,领导力是"黑人的命也重要"试图与民权运动区别开来的一个方面:"如果您只是在寻找纯正的黑人牧师,您一定找不到。"

人们一直批评民权运动斗争是性别主义,太过关注那些对男性造成直接影响的议题。我们记得那些风流倜傥的男性领导人组织队伍、确定议程,却无视那些女性在幕后的辛勤劳作。由3名

> 非洲裔美国人被警察杀害的数量几乎比白人多三倍。

> 人们感觉是时候采用一种新的、草根的观点来解决问题了。

时间轴

历史的瞬间 2012年2月26日
崔温·马丁遇害
在佛罗里达州的桑福德,社区巡逻志愿者乔治·齐默尔曼在17岁的崔温·马丁从商店回家的路上将其射杀,当时马丁手无寸铁。马丁遇害后,全美国爆发了大量集会、游行和抗议。齐默尔曼声称是自卫,起初并未被指控,但在媒体的舆论压力日增的情况下,他最终因崔温·马丁的谋杀案被审判。但2013年,法庭宣判他并未犯有二级谋杀和过失杀人罪。人们普遍认为,崔温·马丁的遇害与齐默尔曼无罪释放是引发"黑人的命也重要"运动的导火索,"黑人的命也重要"运动是反对针对美国黑人的暴力和普遍种族主义的民权运动。

2012

● **2013年10月3日**
华盛顿特区的米丽亚姆·凯里
凯里驾车在白宫前的检查站掉头时,撞到了一辆警车。警察追上她并开枪击中她的头部,当时她13个月大的女儿就在车后座上。

● **2014年10月20日**
芝加哥的拉坤安·麦克唐纳
17岁的麦克唐纳被一名警察开了16枪。事件的录像披露后,几个月时间里爆发了多次抗议。

● **2014年11月14日**
克利夫兰的坦尼萨·安德森
安德森的家人拨打了911求救电话,因为她的间歇性精神疾病正在发作。警察到来后,将其按压在地板上,造成了她的死亡。

● **2014年11月22日**
克利夫兰的塔米尔·赖斯
这名12岁男孩在玩玩具枪时被一名警察射杀。事后表明,曾有人认为该警察由于过去的暴力行径而不适合继续执法。

● **2015年4月4日**
北查尔斯顿的沃尔特·斯科特
未携带武器的斯科特企图逃脱警察的控制,被警察从背后开枪打死。警察声称斯科特拿走了他的麻醉枪,但目击者的录像显示事实并非如此。

● **2015年4月19日**
巴尔的摩的弗雷迪·格雷
格雷被逮捕后陷入昏迷,一星期后因脊髓受伤而死亡。全国因此爆发抗议活动。

▲ 自从迈克尔·布朗被警察射杀后，弗格森亲历了很多抗议活动。

女性同性恋者发起的"黑人的命也重要"运动摒弃了这种父权思想，致力于构建一个向整个黑人社区开放具有引领能力的强大组织。贝亚德·拉斯廷是最重要的民权活动家之一，但由于他是同性恋，所以他的故事经常被疏于提及。相比之下，德雷·麦克森已成为"黑人的命也重要"运动最杰出的代表人物之一。这是不小的差异。民权运动由于追求呈现令美国主流社会赏心悦目的可敬黑人形象而备受打击，江河日下。麦克森的口头禅"我爱我的黑，也爱你的黑"是对过去民权运动局限性的完美回应。

历史的瞬间 2014年7月17日
埃里克·加纳

在纽约街头，警察向加纳走过来，因为他们认为加纳非法售卖香烟。一名警官从后边抓住他，锁住他的喉咙达20秒，而后他失去了知觉。在事件录像中，可以听见加纳11次大叫"我不能呼吸"。一小时后，他在医院被宣告死亡。加纳死于颈部压迫。然而12月3日，一个大陪审团裁定不起诉相关警员。到当年年底，全国举行了约50次反警察暴力的抗议活动。

历史的瞬间 2014年8月9日
迈克尔·布朗

据报道，一名男子在密苏里州弗格森附近的一家商店偷了雪茄，一名警员注意到布朗符合该名男子的体貌特征，于是将他的车停到布朗身边。发生争执后，该警员向手无寸铁的布朗开了12枪，布朗身亡。枪击案发生当天民众举行了和平抗议活动，但很快演变成暴力冲突，爆发了所谓的弗格森骚乱，各处的示威者反复呐喊着"手已举起，不要开枪"的口号。但检察机关没有提起对涉案警员的诉讼。马丁、加纳和布朗的遇害事件引发了全美范围内有关警察与美国黑人关系的辩论，推进了"黑人的命也重要"运动，将针对黑人的暴力问题推到世界人民眼前。

● 2015年7月13日
沃尔县的桑德拉·布兰德

布兰德在被警察拦停后被捕，3天后，她被发现吊死在牢房里。抗议者呼吁针对布兰德的死因进行调查。

● 2016年7月5日
巴顿鲁日的奥尔顿·斯特林

斯特林被两名警察按在地上开了几枪。涉事警察没有被提起诉讼。

● 2016年7月6日
法尔坎高地的费兰多·卡斯蒂尔

卡斯蒂尔被警察击中几秒钟后，他的女朋友在脸书上发布了警察与重伤倒地的卡斯蒂尔的直播视频。

● 2016年8月1日
兰德尔斯敦的科瑞安·盖恩斯

在与警方僵持的过程中，盖恩斯被枪杀，她5岁的儿子负伤。盖恩斯录下了这次事件的视频，脸书却应警方要求停用了她的账户。

● 2016年9月16日
图尔萨的特伦斯·克拉切

克拉切没有携带武器，双手高举在空中，被一名警察开枪击中，同时也遭到殴打。当天，他在医院死亡。

● 2016年9月20日
夏洛特的凯斯·拉蒙特·斯科特

拉蒙特参加夏洛特和平与暴力混杂的抗议活动时被一名黑人警察射杀。涉案警察没有被提起诉讼。

2016年7月9日,示威者高举着马丁·路德·金与巴拉克·奥巴马的照片,抗议巴顿鲁日警察射杀奥尔顿·斯特林。

图片所属

9	© Getty, Library of Congress
15	© Getty
17	© Getty
23	© Getty
25	© Getty
31	© Getty, Library of Congress
39	© Library of Congress
43	© Getty
47	© Alamy, CE Watkin, Library of Congress, NARA, Richard Apple
51	© Getty
57	© Alamy, Getty, LBJ Foundation, Library of Congress
59	© Getty
61	© Getty
62	© Getty
69	© Getty, Library of Congress, NARA
77	© Alamy, Getty, Library of Congress
79	© Getty
85	© Adam Jones Ph. D, Alamy, City of Birmingham Police Department Alabama, Getty
87	© Getty
91	© Library of Congress, Minnesota Historical Society, NARA
103	© Alamy, Corbis, Getty
105	© Getty
115	© Alamy, Library of Congress, NARA
117	© Getty
121	© Alamy, Getty, Library of Congress
127	© Alamy, Donzaleigh Abernathy, Getty, Library of Congress
129	© Getty
143	© Adrian Mann, Alamy, Corbis; Getty Images
147	© Alamy, Getty, Library of Congress
153	© Getty
159	© Corbis, Bettmann/Corbis, Alamy, Library of Congress
169	© Alamy, Getty
171	© Getty
181	© Alamy, Library of Congress, RM Hermen, US Information Agency
187	© Pete Souza
197	© Aaron Muszalski, Alamy, Ann Harkness, Citizen University, Getty, Jamelle Bouie, The All-Nite Images, The Laura Flanders Show
199	© Getty